U0504777

Truly Enjoy

联合出品

文旅中国丛书
CULTURAL TOURISM

乡愁里的广东

——岭南大地上最安静的风景最沉默的文明

Nostalgia for
Guangdong
2

方塘智库文旅中国研究中心 著

社会科学文献出版社
SOCIAL SCIENCES ACADEMIC PRESS (CHINA)

相信文旅的价值

对于今天旅游的发展，有很多共识都是非常明确的，比如，文旅不分家，文化和旅游的融合发展不仅需要而且必要，这种融合不仅让我们一直期待的文化产业化找到了一个重要的消费通道支撑，从而实现文化的价值变现，而且可以快速实现放量增长，让文化产业发展的商业模式创新成为可能。文化产业的发展在中国被主张和鼓励了很多年以后，终于开始在消费引领下迎来真正的春天。

从旅游发展角度来看，对文化的重视也成为旅游业发展的必然选择。一方面是因为中国旅游在从观光游向深度休闲度假游转变的过程中，旅游产品和体验的供给越来越离不开对文化的挖掘，并成为目的地留住游客的重要手段，丰富的文化体验尤其是在地文化体验，成为自然风光之外旅游产品开发最重要的依托，文化成为旅游产品的灵魂，"无文化不旅游"的时代已经到来。

另一方面，文化产品的开发也是延长旅游产业链的重要依托，不仅可以极大地丰富一个地方的旅游消费和体验，而且可以让一个地方的价值变现通过互联网和现代物流的赋能，以文化产品的输出和文化体验的设计真正实现旅游的全域和全季发展。

文旅不分家，既是旅游发展的常识，也是发展文化产业的常识，"文旅"这种表述本身就代表了旅游产业升级的思考和实践。与此同时，越来越明确的一个现实图景是，无论是地方政府，还是传统产业的一些企业，抑或是纯粹的投资机构，当然，传统的旅游企业就更不必说，各路英雄都开始将文旅产业和投资作为自己的重要方向，试图在中国这一轮历史性的文旅产业爆发式增长中获得更多的战略红利和增长红利。而这些力量的介入也势必会推动文旅产业更大幅度的增长、更大规模的开发、更具创新的探索。这就是我这几年一直在谈的"中国文旅投资的黄金时代"的概念，而一个投资的黄金时代将会更快成就中国文旅的新时代！

基于对中国文旅新时代的思考和概括，2013 年，我提出了"中国文旅的新价值时代"的概念，尝试从多个价值维度来重新审视文旅产业的发展。

目前来看，这些价值维度至少包括文化价值、产业价值、区域价值、政经价值、投资价值、社会价值等。

当我们习惯于从这些价值维度去思考文旅产业发展的时候，就会发现，文旅在国家的整体性变革当中不仅无处不在（甚至说一切的问题都可以理解为文旅问题），而且具有独特的战略价值：对任何一个国家和经济体而言，文化和旅游不仅具有最基础的产业属性和经济属性，更具有制度维新和精神解放的价值，文旅产业的发展水平，在很大程度上代表了一个国家的发展水平。

一 中国旅游的新价值时代

在新一轮文旅产业快速发展过程中，一个重要的驱动力是地方政府，从省级到城市，再到县域以及很多乡镇，都在不遗余力地推动所辖区域的文旅产业发展，不仅把文旅产业明确地作为区域发展的战略性支柱产业，在空间规划上也开始尝试将文旅产业的发展作为区域规划的主导逻辑。

这在以前是不可想象的。记得有一次在黄果树瀑布所在的贵州安顺参加一个论坛，当地一位领导感慨，以前的安顺虽然坐拥黄果树瀑布这一著名的旅游资源，但从来没有把旅游产业作为主导产业来发展，因为在很多人看来，旅游就是吃喝玩乐，充其量收点门票，怎么可能支撑一个区域和城市的经济发展呢？所以，在思考城市和区域产业发展的时候，与其他地方一样，认为工业才是重点。

现在的情况是，别说安顺，就是在一些没有强势文旅资源的地方，在意识和战略上，也会认为文旅产业不但值得发展，而且将其作为区域的主导产业之一也没有什么不合理的。"旅游不仅是软实力，也是硬实力"的认知已经非常普遍，这深刻影响着地方政府的发展热情。

而且国家的战略导向也非常明确，无论是生态文明还是美丽中国，抑或是"绿水青山就是金山银山"，这些新时期中国重大发展理念的弘扬，都决定了发展文旅在政治上是没有任何风险的。这也是我所说的，文旅产业具有其他产业所不具备的明确的"政经价值"，地方政府投入如此高的热情，也是很好理解的。

从中央到地方，政府对文旅产业的重视和具体的探索实践，对这一产业发展的推动和带动效应是综合的，或者说是根本性的，不仅因为它们是政经和战略导向上的支持，更重要的是，它们将有助于文旅资源产权的厘清和文旅产业的对外开放，从而让围绕文旅产业发展的市场化、国际化的资源配置成为可能。

产权不清，文旅不兴。我们注意到，具体到民宿、餐馆，大到整个产业链，如果没有产权的清晰化，都是不可能持续发展的。而现实情况往往是，很多地方的优质文旅资源散布于不同部门，多头管理。没有利益的时候，各部门对资源的保护责任互相推诿，一旦发现有收益，就开始争夺扯皮，使得文旅资源的保护与开发都出了问题。尤其是在旅游越来越面向全域和全季发展的形势下，这就要从整个区域的资源禀赋出发，统筹考虑，协同发展，这样才能做大做强。

这显然对区域文旅资源产权的清晰化提出了更高的要求，而这一工作的推进只能由地方政府来完成。

目前已经看到的情况是，很多地方政府不仅已经意识到产权清晰化的重要性，也纷纷开始成立地方文旅发展投资公司，依托公司平台对区域内的文旅资源进行梳理，在产权上进行界定和整理，以此为前提和基础，寻求与产品运营团队和市场投资机构的深度合作。由此，中国文旅产业领域的供给侧结构性改革开始步入快车道，而考虑到目前国内外文旅消费市场的爆炸式增长，被供给端和消费端共同驱动的行业增长，未来可期。

这就是中国文旅产业发展正在经历的基本面，不但正在经历规模的快速扩张，而且，文旅产业对中国的整体转型和变革正在产生综合性的深刻影响。围绕文旅发展的共识已经达成，再加上针对文旅产业发展的改革共识的达成，以及国际化和市场化的资源配置的能力与通道的搭建，中国文旅的大时代和新时代已经开启。

二 让市场更多发挥资源配置的作用

虽然针对中国文旅产业发展的热情也只是在近几年才产生的，但在我看来，中国文旅产业的发展已经进入一个新阶段——"撸起袖子加油干"。

一方面，社会各界，尤其是文旅产业发展的参与各方和直接利益相关者，对文旅发展的讨论已经非常热烈，热词不断，概念不断，各种论坛会议不断，基于新媒体的各种观点表达也很多，但在这个快速膨胀的舆论场中，各种观点的水平参差不齐，甚至有些带有明显误导性的分析和判断被广泛传播。在这个时候，对于中国文旅健康发展而言，优雅、严肃和专业的表达变得尤其重要，"干起来"比"吵起来"更重要。

另一方面，虽然针对文旅的营销推广依然重要，对很多的城市和目的地而言，旅游品牌营销已经是其资源价值发挥的瓶颈，但总体而言，在新的发展阶段，这个产业的发展已经进入产品驱动的时代。这种情况下，一个省域或市域整体性旅游品牌的提炼、传播、营销依然有价值，但一定是立足产品和服务来开展的。

客流量已经不是衡量一个区域旅游发展的唯一指标，只能说是基础指标之一。这不仅仅是因为客流量的增长一旦超出承载力会带来很多管理问题，还因为客流量的增长未必是区域旅游市场价值挖潜的最重要依托。基于自身的文旅资源禀赋，合理确定游客结构，正在成为很多目的地的迫切选择。

在全民旅游的热情高涨起来以后，中国已经进入一个总体上不缺消费市场和游客的时代，但在空间上依然存在火爆与冷清并存的结构性问题。面对一个地方客流不足的问题，我们习惯于将其归因于营销问题，但从目的地可持续发展的角度来看，这很可能是一个误区，在今天的媒体环境和营销手段下，我甚至提出"没有营销不出去的目的地"的观点，但问题的关键在于，游客来了以后怎么办？产品体验和服务是不是能承载？这样的案例已经非常多，没有客流的时候盼客流，客流量突然增长以后，因为服务和产品体验跟不上，很多目的地在争议中昙花一现，再难崛起。

更何况，好的产品都是可以自带流量的，一个产品的落地本身就可以为这一地区带来游客，给一个地区的文旅发展带来的影响是综合性的。

当然，在立足本地独特的资源禀赋做优质的产品设计和运营的时候，一个明确的现实是，今天的产品开发门槛已经很高了，而且，竞争的半径——不论你愿不愿意——都是全国层面的甚至全球层面的。在这种情况下，产品设计的门槛就变得很高，直接导致投资门槛很高。于是，另一个现实的问题就来了，虽然这一轮文旅产业的发展在很大程度上来自政府的推动，而且政府在产权清晰化和区域旅游品牌营销等方面做了很多工作，但在产品设计和投资上，政府却无法单方面完成。

我们看到，今天很多文旅项目，其投资体量和投资规模动辄就是三十亿元、五十亿元，甚至是百亿元级和千亿元级的，别说是在资源富集、经济贫困的中西部地区，就是在东部发达地区，仅仅依靠地方财政也很难实现。

而且对文旅产业发展而言，很多时候最具决定意义的还不是钱的问题，而是对市场和消费的洞察，以及针对新的洞察的创意性回应，这对于政府来讲是很难做到的。

所以，中国文旅产业的发展，在政策导向、产权清晰、基础设施、公共服务等多方面的共识达成和配套提升以后，接下来将需要更多的市场化和国际化的资源配置，立足产品驱动，从根本上提升中国文旅产业发展的品质。这是中国新一阶段文旅产业发展的务实性战略选择，也是必然的选择。

三　文旅中国，价值维新

在我们每个人的一年当中和一生当中，旅居的状态正在变得越来越多，这是文旅产业勃兴的最直接背景，也是我们提出文旅中国的最直接逻辑。

所以，方塘智库从一开始就将文旅作为重要的关注领域，试图通过我们"既要在云端，又要在人间"的持续研究，以及"绝对专业、绝对优雅、绝对严肃"的表达，对文旅产业和文旅视角的中国变革进行考察，推动中国文旅领域的理念维新、价值维新、模式维新、营销维新等。

这样的研究和观察是充满不确定性的，这种不确定性是中国文旅发展的常态，也是中国文旅产业发展的机会。我们的选择之一就是，面对不确定性，去寻找一些确定性的东西，包括基本的文化敬畏、市场敬畏、战略敬畏、人本敬畏等，并通过适配于全媒体的内容生产进行表达。

在我们已经成型的表达方式中，有图片、文字、纪录片、论坛、沙龙、展览等，甚至我把自己和我们的每一个研究员的每一次演讲也都当作方塘智库的公共表达，这些表达方式不矛盾，并互相配合。正是这样的选择，让公共表达成为方塘智库成立以来的最大特点之一，在获得传播上的影响力的同时，也直接获得了很多合作伙伴。

对图书出版的选择更是有着必然性，一方面是因为我本人对阅读和出版业情有独钟；另一方面，我们也坚定地认为，图书出版应该是智库价值运营中的必然选择。所以，在城市板块中我们从一开始就推出了"城市中国丛书"。同样道理，对于文旅板块的介入，我们也推出了"文旅中国丛书"。

对这个丛书的定位，一方面，我们希望将平时的学术研究和案例分析通过图书的方式系统性地呈现出来，所以，我们希望每一本书都在具有学术价值的同时，对行业而言，还具有直接的战略咨询价值。

另一方面，我们注意到，在新的媒体环境下，旅游营销也在面临深刻的重塑。随着人们旅游方式和旅行驱动力的改变，带一本书去旅行的需求和习惯越来越普遍，这就要求更多的城市和目的地，在当地的人文挖掘和深度价值营销方面做得更多更好。所以，我们这个丛书也将有一些"优雅的历史人文地理读本"。

当然，一切都在路上，一切都在变化和动荡当中，我们希望每一个人都可以在相信中前行，在"动荡中走向梦幻般的未知"，也希望这个丛书可以为更多的旅行和旅行人生带来参考和启示，发现未知，并重新发现自己。

方塘智库创始人　叶一剑

2017 年 8 月

目　录

第二章 缤纷岭南 非遗广东

第三章　角落中国　人文广东

参考文献

后　记

文旅广东的价值再发现

一

根据广东省官方发布的数据，2018年全省旅游总收入1.36万亿元，同比增长13.5%；旅游外汇收入205.12亿美元，同比增长4.4%；接待过夜游客4.9亿人次，同比增长10.4%。文化产业方面的数据显示，作为文化大省，广东文化产业增加值连年位居全国第一，约占全国文化产业总量的1/7。

按此数据，如果将广东省2018年的旅游总收入与全国各城市GDP相比，则其超过了同年杭州市的GDP，仅次于武汉。

但有意思的是，文旅在广东整体经济格局和发展格局中的存在感似乎并不明显，哪怕是在"活力广东"被提出很多年以后（有人认为，这是一个描述广东很恰当的口号，但文旅色彩不太明显，尽管这个口号是文旅系统贡献的），外界好像也一直缺乏对广东基于文旅视角下的价值发现和表达。以至于有观点认为，文旅之于广东，曾经在很长的发展周期里都可谓一个略显尴尬的存在。试想，如果在广东增加一个 GDP 一万亿元以上的城市，存在感将会怎样？

有一种观点认为，之所以如此，一方面与上一轮发展周期中，宏观上大家对文旅的产业属性认识不清晰有关（对文旅产业的综合价值更是缺乏全面和系统的认识），另一方面也与广东总的经济体量较大和文旅产业的占比相对较小有关。更何况，广东尤其是珠三角地区的"改革开放前沿""制造业发达""城市经济繁荣""科技创新"等标签太过亮眼，很容易形成"灯下黑"的现象。

不过，改变正在发生。无论是在省内还是在省外，文旅广东的影响力都获得了快速的提升，而且，这一轮影响力的提升与文旅综合价值的再发现是同时发生的。

比如，在加快文旅融合发展的同时，广东省文旅厅明确提出要推动"文旅广东"与"经济广东"相得益彰，奋力开创文化强省和旅游强省建设新局面，努力将文化和旅游业打造成为广东国民经济的重要支柱性产业，实现文化和旅游业增加值占全省 GDP 的比重在 10% 以上；明确提出要主动融入粤港澳大湾区、乡村振兴、精准扶贫、深圳建设中国特色社会主义先行示范区等战略中，进一步增强责任感和使命感，充分发挥文化旅游业的优势，成为服务全省大局、服务中心工作的主力军、生力军；还明确提出要不断调整优化文化与旅游产品和服务，在演出、展览、对外交流等方面扩大有效供给。

这些表述本身就代表了新时代和新周期广东对文旅战略再定位的思考，以及对文旅产业自身产品和服务创新方向和模式的思考，都具有"重新发现广东文旅价值"的色彩，也具有明显的创新性。

二

当然，对于广东文旅而言，新时代文旅价值发现的逻辑和路径是多方面的。其中一个方面就是，进一步提升存量文旅资源、文旅企业、文旅品牌和服务的影响力，进一步增强外界对广东文旅现状的了解。比如：广东文旅产业产值很高，产生了长隆、华侨城这样具有全国性影响力的旅游企业品牌，以及腾讯这样客观上为全国文旅产业发展赋能的平台型互联网企业；无论是文化产业增加值还是旅游总收入和旅游外汇收入，广东都连续多年位居全国第一；文旅具有综合性产业和流量型经济的特点，因此广东文旅产业对其他产业和领域的贡献也是很大的。

除此之外，随着国家一系列新发展理念和发展战略的提出，以及广东省新一轮全面开放和转型发展的推进，广东文旅正在经历一系列新的价值再发现，并在无边界创新的逻辑之下，探寻新的发展模式，拓展新的产品和服务，构建新的发展业态，这既有全国普适性的一面，也有广东独特性和引领性的一面。

比如，发展到今天，无论是国家层面还是区域和城市层面，都已经将文旅作为重要的新兴产业来看待（广东更是开始将文旅产业作为重要的支柱产业）。在区域和城市发展过程中，文旅产业不仅代表了软实力，还直接代表了硬实力。纵观全国文旅产业的发展，其增长速度远高于全国的整体经济增长速度，在有些文旅资源禀赋较好、发展基础较为雄厚的地区，文旅产业的增速更是几倍于当地的经济整体增速，成为拉动当地整体经济增长的新引擎、新动能。

不仅如此，与全国其他省份一样，在新的发展阶段，广东省整体转型发展与广东文旅的转型发展正在迎来更加多元、更加深刻、更加彻底的互动，这些互动的过程是重新发现广东文旅综合价值的过程，也是重新发现广东文旅价值的最重要的逻辑依托、路径依托和项目依托。

这样的互动不仅体现在广东省正在践行的粤港澳大湾区建设、乡村振兴、精准扶贫、深圳建设中国特色社会主义先行示范区等重大战略中，还将体现在包括制造业在内的一系列产业结构调整当中，以及城市转型发展当中。

对于其他产业的转型发展而言，文旅视角将为其提供更丰富的也更具创意的产品和服务创新灵感与应用场景。比如，对于传统的灯具生产企业，常规的产品创新思路是尽可能在节能方面有所突破，在单个灯具造型上进行设计创新。但考虑到夜色经济越来越被重视，而且，针对夜色经济的场景创意，已经不仅仅是城市亮化的问题，还越来越强调与文化创意的结合，如果灯具企业能够基于对文旅消费和体验的精准洞察，进行更复杂的灯具研发和应用研发，将为企业的转型发展拓展更大的想象空间，这不失为一种摆脱低端竞争的路径选择。

与城市的融合更是如此。比如，经过上一轮基础设施建设和房地产市场的发展，很多城市基本上都打造了城市公共绿地，为改善城市环境做出了重要贡献，但是，这些公共绿地的维护成本较高，越来越多的城市感受到了压力。在此背景下，如果能够结合城市公共文化服务体系的构建和城市全域旅游的发展，创新性地利用这些绿地空间，不仅可以在很大程度上解决维护成本的问题，还将为城市文旅的创新发展提供更多的空间支持。

由此，在新的时代背景下，不仅要更加重视文旅产业本身的经济增长价值，还要重视对基于文旅要素的新消费、新场景和新生活的洞察，并将其作为价值挖掘和创新赋能的依托，这是广东文旅下一步价值创新的重要方向之一。

三

这个每天都在发生大规模颠覆和重塑的时代，传统的分析改革增量和存量的框架边界有些模糊——几乎所有的改革本质上都是增量改革，增量改革不仅影响新一轮的发展成果，也是决定存量问题化解的根本因素，拥抱变化、适应变化将成为包括广东在内的中国省域文旅产业变革的新常态。

那么，广东文旅的增量又在哪里呢？

和全国的情况类似，在新一轮广东文旅产业的发展过程中，通过文旅产业激活的资源，较多地分布于最为边缘、最为遥远甚至是最为贫穷的地区。无论是在深圳文博会、广东旅博会，还是广东文化和旅游投融资对接会的现场，来自非珠三角地区的政府、项目负责人和企业都表现得异常活跃。这些地区以稀缺的生态资源、丰富的文化资源，获得了投资机构和消费者的青睐。文旅产业的发展，不仅使这些相对落后地区找到了新时代可持续发展的产业路径和模式，客观上还为广东省的扶贫攻坚、乡村振兴、绿色发展等战略的实施提供了具体的抓手和载体。甚至可以说，文旅产业的发展，在广东有些地区所发挥的公共价值甚至超过纯粹的经济价值。

从投资和消费的角度来看，这些地区对生态资源和文化资源进行文旅化开发后，将产生一大批面向新消费时代的旅游体验和休闲体验，甚至是旅居的体验。它们会是新一轮广东文旅产业发展中最具时代性和创意性文旅产品和服务诞生的场景资源。"上山下海""进村入户""民俗非遗"等，开始成为广东文旅新发展中被频繁提及的关键词。

具体的例子之一是，最近几年广东大力推进的南粤古驿道的保护传承和文旅开发，直接牵涉到大量落后地区村落资源的保护和开发问题。南粤古驿道这一线性文化遗产的文化价值赋能，以及一系列文创大赛、体育赛事以及古驿道的修复等项目安排，创设了丰富的文旅商品和服务供给，并开始走出广东，走向全国乃至世界。这不仅大幅度提升了当地人的文化自信，颠覆了传统的贫富认知和心态，还直接推动了当地脱贫，并有效地避免了脱贫后返贫现象的发生，为这些地区的可持续发展提供保障。

也正是基于此背景和逻辑，《乡愁里的广东2》在之前较多地聚焦于村落和乡村的基础上，进一步延伸到更广泛的领域，甚至可以说是更边缘的一些元素，比如，南粤古驿道、非遗、美食、海岸线等，以及这些文旅元素背后鲜活的历史人文故事。

在地的，就是世界的。这些岭南大地上最安静的风景、最沉默的文明，虽然在广东上一轮的文旅产品和服务供给中很多都不是主流资源和强势 IP，但是，在新一轮文旅融合和产业转型的发展过程中，这些资源和元素的重要性正在快速提升，原生性和独特性的价值正在凸显。围绕这些资源和元素所展开的文旅产品和服务的开发和创意，不仅让广东文旅产品和服务变得更加丰富和有层次感，也更多地体现出在地文化的丰富多彩和人文魅力；不仅让广东文旅产业的区域分布变得更加均衡，也在很大程度上为广东非珠三角地区的综合发展提供了更多可能；不仅让广东文旅的本地消费链条进一步拉长，也将推动广东文旅以更具特色的品牌形象走向世界。

当然，如果你对这些相对严肃的产业问题不太感兴趣，也没关系，那就和我们一起来一次"不一样的广东"发现之旅吧！

第一章

文旅融合　古驿新生

文旅融合，文化振兴，旅游新生。作为影响中国未来五到十年乃至更长周期内文旅产业发展的最大战略变量之一，文旅融合也是在新的国家和区域转型节点以及文旅产业转型节点，重新理解和审视中国文旅产业第一大省——广东的最重要视角之一。只有实现了对文旅融合的深刻洞察和精准研判，才能真正理解和研判广东文旅新一轮转型发展的未来。而对广东文旅融合的洞察和研判，显然对理解和研判中国的文旅融合有着重要的镜鉴价值和意义。

文旅融合已经是广东文旅转型发展的最重要的战略安排之一。在 2019 年 2 月份召开的广东省文化和旅游工作会议上，广东省文旅厅明确提出了重点推进的八项工作，其中之一就是：深化改革创新，推动文化和旅游深度融合。

目前，文旅融合在广东不仅体现在顶层战略层面，在政策设计、项目落地、平台建设等方面也已经实现了全面推动。文旅融合不仅成为广东省文旅转型发展和高质量发展最现实和最直接的目标之一，也是广东实现文旅转型和高质量发展目标的最重要理念和路径之一。

包括广东在内的地方文旅融合发展，所面对的形势、推进的逻辑和依托的路径，与国家层面当然具有高度的一致性，国家层面的战略部署，也是地方文旅部门首先要落实执行的。

但是，基于每个省和城市文旅资源禀赋的差异，以及文旅产业规模、发展阶段、资源配置能力等方面的差别，各地还需要立足于本地文旅发展的现实，做出更具创新性的安排，这些创新性的安排也可能反向推动国家层面的文旅融合创新。

谈广东的文旅融合，不可回避的关键词之一就是南粤古驿道，这是因为，经过近几年的努力，南粤古驿道不仅在挖掘、保护、传承、推广等方面形成了很好的基础，在空间规划、文脉梳理、产品和服务创新等方面也成为广东文旅的重要组成部分。

由点到线、由线到面、由面到城甚至整体统筹整个区域的创意和策略安排，不仅为一个区域内的文旅资源提供了一个产业化、产品化和市场化的认知视角，还为文旅化地审视一个区域的转型发展提供了很好的思路。

更加值得期待的是，如果南粤古驿道成功申遗，真正成为具有世界影响力的文化名片，同时关于南粤古驿道价值认知体系的创新研究也得到进一步推进，那么通过一系列丰富的文旅产品和服务的创设和运营，形成一套关于线性文化遗产的更具创新性和创造性的保护传承机制和市场化运营机制，将为全国古驿道文化遗产的保护和开发做出示范。

那么，就让我们这次的"乡愁里的广东"之旅从南粤古驿道开始吧！

文旅融合的一种观察

截至今天，应该说，随着本轮国务院机构改革中文化部和国家旅游局的整合，文旅融合发展不仅在理念上和产业上实现了更加全面和彻底的推进，而且在国家宏观战略和政策制定以及管理机构设计上，也进入了全新的发展阶段。

本次的机构改革不仅体现了对文化产业属性和旅游事业属性的充分重视，也从文旅融合发展的角度为文化和旅游业的发展提供了更多的想象空间和可能性。这与其说是一次机构改革驱动的文旅改革，不如说是文旅新时代背景下管理机构的适应性战略调整，不仅有现实的重要性，也有充分的可行性。

从后续的一系列反应来看，文旅融合在地方层面，在一些具体的文化场所和旅游项目上，产生的影响可能更加直接和激烈。文化资源的旅游化创新和传统旅游景区的文化性创新，甚至一些非文旅空间和场景，都开始了文旅化的空间改造和场景营造。围绕文旅融合，各地不仅达成了共识，而且已经开始了前所未有的实践。

对于文旅行业的从业者而言，文旅融合发展将是影响未来十年中国旅游产业发展的最大变量之一，对此应当充分重视，准确认知，并积极赢取这一时代性和历史性的转型红利。

从时代变革和国家治理角度来看，中国已经到了进一步提升文化软实力和中华文化影响力的新的历史时期。考虑到旅游已经成为大众休闲方式的普遍选择，应该充分重视和发挥旅游在文化传播和传承过程中独特的流量价值和场景价值，经由旅游创意化、体验化、产品化地推进文化的传播，促进中国文化事业的发展。

另外，旅游消费越来越普遍，旅游的公共治理、社会价值和文化输出等属性越来越凸显，这时候就需要从国家整体的文化发展、时代价值观建设乃至意识形态建设等层面，重新发现与思考旅游事业和旅游产业的发展，确保在主流文化和主流价值观方向上推进旅游事业的建设和发展。

在此背景下推进文化和旅游融合发展，需要将多年来在旅游营销领域积累的工具、经验、方法等，创造性地嫁接到文化传播中去。让文化走进人们的生活，让中华传统文化和新时代主流文化通过旅游场景和旅游平台实现更广泛更有效的传播；在发展旅游产业的过程中，要更加注重中华优秀传统文化、红色文化、新时代主流文化的融入，避免旅游开发中出现历史虚无主义泛滥、过度戏说甚至虚假叙事的问题，这也是确保旅游可持续发展的根本所在。

从产业转型的角度看，文化产业的发展越来越体现为文创化和旅游化，而且，考虑到旅游的场景和流量价值，文化创意产业的发展也越来越离不开旅游化的变现渠道，所以，旅游已经成为文化产业发展的根本驱动力之一。通过旅游产业的发展全面推动文化产业的发展成为必然选择；而随着旅游消费需求的多元化，无论是休闲度假还是游学康养等，给传统旅游景区赋予文化内容，或者立足于文化资源进行旅游产业开发，成为必然选择，旅游的文化导入是旅游产业品质化发展的必然选择。

基于此，文化和旅游的融合发展，就需要进一步立足于旅游消费的价值变现逻辑和规律，针对文化产业进行供给侧的结构性改革创新，丰富和优化文化产品的创意设计，更大程度上激活中国大地上丰富的历史文化遗产。"让收藏在博物馆里的文物、陈列在广阔大地上的遗产、书写在古籍里的文字都活起来"，让文化遗产走进人的生

文旅融合下广东会同村的风貌

活，让文化可变现，让文化可体验；而对于旅游产业的转型发展而言，要全面纳入对文化资源的统筹考虑，通过文化导入全面拓展和提升既有的旅游消费空间和体验。

文旅融合，时代变革。从文化事业到文化事业与文化产业，从旅游产业到旅游事业与旅游产业，这是从国家现代治理体系构建的角度来看本轮文化和旅游融合的重要逻辑之一，也将是接下来统领文化和旅游融合发展实践的最重要的逻辑之一。基于文化和旅游的发展现实而言，在继续加强文化事业发展的同时，应尽快补齐文化产业发展的短板，而在这一过程中，文化的旅游化将是重要的路径和模式依托；在继续加强旅游产业发展的同时，要尽快补齐旅游事业发展的短板，将中华优秀传统文化、时代主流文化全面纳入旅游产业发展中来，并从社会治理、文化输出、社会主义核心价值观建设等方面，更多元化地思考新时代的旅游发展。

文旅融合在广东

广东作为国内第一文旅产业大省，其立足于文旅发展的现实所做出的创新性安排尤其值得关注。

在广东，文旅融合新思维的提出与一系列策略和方法的提出与实践，不仅可以推动一系列传统旅游资源和项目的转型，还将激活一系列潜在的文旅资源，并基于这些文旅资源实现面向新消费时代的产品化、产业化和服务化转换，为广东文旅产业的发展带来新的想象空间和可能性；不仅可以为广东文旅产业本身的发展打开一扇窗，还将为其他产业的文旅化创新打开一扇窗，从而为其他产业的转型升级提供增量价值。迎合大文旅消费需求，已经成为几乎所有行业创新创业的重要方向之一，甚至是主战场之一。

更重要的是，考虑到广东具有更加成熟的市场经济环境，更强的市场主体经济实力、创新意识、开放思维、资源配置能力和效率，以及在政企联动、发挥企业市场主体作用、对外开放等方面具有更好的基础，"更具市场化的文旅融合"显然是外界对广东的期待之一。

另外，无论是深圳，还是广州，都有着中国最好的互联网和技术的创新基因和氛围，也有一批中国最好的互联网公司和技术型公司，科技驱动下的文旅融合，或者说"科技 + 文旅"的融合，显然也是观察广东文旅融合的一个重要视角。而且，这些一开始可能是区域性的融合项目和案例，完全有可能通过这些平台型的互联网企业和技术型企业已有的全国影响力，快速地推广甚至复制到全国市场，从而对全国其他地区的文旅融合产生直接影响。

正是在这些多重背景和逻辑下，基于对全球文旅产业变革和我国文旅转型发展的基本洞察和研判，结合广东的文旅资源禀赋，对广东的文旅融合尝试做出一些更具执行性的洞察和思考，是很有价值的。

比如，考虑到广东在中国构建全面开放新格局中的特殊地位和我国每年庞大的入境游基数，以及广东是亚太地区乃至世界重要的旅游目的地和旅游集散地这一现实背景，将广东丰富的在地文化（比如广府文化、岭南文化和潮汕文化），来自其他地区的中华传统文化以及改革开放以后所形成的中国主流文化纳入其旅游营销和目的地运营的全生命周期中去,以旅游为平台和载体,在讲好"广东故事"的同时,进一步讲好"中国故事",将构成广东文旅融合发展之于中国文旅转型和经济转型的重要价值体现,具有深刻的时代意义和紧迫性。

广东应该成为也能够成为中华文化全球表达的主场,当然,与此同时,广东也应该成为并能够成为中国了解世界文化的一个窗口,就像当年的世界之窗一样。只不过,在对国际文化进行旅游化呈现的时候,需要更多的创意、更多的独特发现、更丰富的体验,以及更多的基于文化深度互动的设计。

另外就是前面提到的,可以充分发挥互联网和科技在文旅融合中的角色扮演。广东不但有国内规模最大也是最具人气的互联网企业和平台,还有像深圳、广州这样的在全球都具有广泛影响力的、具有科技创新实力和氛围的创新型城市,还有大量的具有创新意识和能力的科技型企业。应该充分发挥它们对文旅产业的赋能价值,让"互联网 + 文旅""科技 + 文旅"成为文旅融合的常态和基本思路,这也是广东文旅融合在全国最可能发挥引领性作用的一个方向。

我们注意到,像腾讯、华为、网易这样的企业,本身已经开始了在文旅产业领域的拓展,甚至已经服务于全国。在这种情况下,应通过与这些大平台联动,实现更多

珠海蛇口开发区的一项科技体验项目

广东文旅企业的全国性市场拓展，实现广东文旅与全国的交流，吸引全国的资本、技术、品牌和团队投入广东文旅融合的创新创业当中。毕竟，与全国其他地区一样，广东在文旅融合、转型发展中，也需要以更大的开放度和包容度，市场化整合来自全国乃至全球的资源，在更高起点上，以更高的效率推动广东文旅产业新一轮的转型升级。

无双创，不文旅；无双创，不转型。广东文旅融合还可以大力推动文旅领域的创新创业，让更多的跨界资源和创新团队投身于文旅产业。在这一轮全球文旅产业的转型大潮中，孵化出更多优秀的项目和企业——这些具有创新创业基因且诞生于新消费时代的新兴企业，将直接影响广东文旅产业在未来五年、十年的迭代升级。对广东文旅而言，不但要做规模，更要做创新和品质，不但要做现在，还要做未来。

也正是基于此考虑，广东在接下来的文旅融合示范区和示范项目培育中，可以考虑将一些众创空间和孵化器纳入扶持范围，并可以尝试推动在这些文旅融合示范区内建立专门面向文旅融合和文旅产业转型升级的众创空间和孵化器，甚至将文旅众创空间和孵化器的建设和运营作为入选示范区的基础条件。

当然，在这些众创空间和孵化器的背后，则是围绕文旅融合领域的创新创业的系统性服务体系，比如，面向文旅领域创新创业新生命周期的投融资服务体系的构建。

2019 年 8 月底，由广东省文化和旅游厅、广东省地方金融监督管理局主办，南方财经全媒体集团承办，东莞信托、南方文化产权交易所协办的 2019 年广东文化和旅游产业投融资对接会在广州举行。

自 2017 年创办，该对接会已经是第三次举办。按照规划，广东省文旅厅联合广东省地方金融监督管理局高起点、高标准、高水平打造该品牌，旨在搭建高端、专业、务实的文化旅游产融结合平台，进一步建立健康、可持续发展的文旅产融结合长效机制，进一步构建完善的投融资体系，进一步探索文化旅游投资开发的巨大商机。

在这次对接会上，有两个关键点尤其值得关注。

其一，对接会期间，为有效引导社会资金投资文化和旅游产业，东莞信托联合华侨城旅游、中信资本、保利资本、恒大旅游集团、昆仑保险、奥动文旅、前海开源基金等单位共同发起设立规模为100亿元的"文化和旅游产业投资基金"，支持文旅产业发展。这意味着广东围绕文旅投融资，在对接会平台的基础上，进一步延伸服务链条，致力于使市场化的资本力量对文旅产业的介入常态化、专业化、规模化，这是对包括广东在内的中国文旅投资黄金时代的直接回应，后续的运营效果值得期待。

其二，按照主办方发布的数据，通过前期广泛征集梳理、重点项目走访核实，2019年组委会共收录省内外462个项目，其中广东省项目264个、外省项目198个。1亿元及以上的项目275个，10亿元及以上的项目122个，100亿元及以上的项目23个。这在一定程度上反映出，该平台的品牌影响力开始由广东向全国辐射，将来会成为一个面向全国的文旅领域的资源整合和配置平台。

据介绍，从2019年开始，组委会紧扣文旅融合和全域旅游大背景，进一步创新办会模式、优化会议内容、加强资源整合力度，大力提升对接会的专业度，多头并举全面夯实产融对接机制、做深长效机制。除8月31日举办广东对接会外，还将不定期举办招商会、项目路演会，支持重点投资机构赴省内外考察、举办对接会，对路演项目进行跟踪及服务，进一步拓宽产融对接的广度和深度。

对接会每年都在广东旅博会期间举办，客观上已经实现论坛与会展同步，而且本次对接会协办单位之一是南方文化产权交易所，可见，依托对接会这一品牌和平台，广东在文旅产业投融资领域已经形成了涵括政策引导、产业基金、会议会展、产权交易的类似全产业链化的服务体系。接下来如果能够进一步开放引进一系列智库研究和咨询体系，推进文旅领域专业人才培训和市场化流动，这一服务体系将更加完善。一个具有全国影响力的文旅产业投融资服务体系未来可期，这不但可以让广东真正成为中国文旅产业发展和投资的重镇，也会弥补中国文旅产业发展的不足，或将是广东文旅"十四五"期间最值得期待的重大突破之一。

文旅融合与景城互动正在成为包括广东在内的各地文旅新思维的重要构成。因为对于很多文旅融合的项目和平台而言，其不仅牵涉到文化的保护、传承、开发和利用，还牵涉到复杂的社会治理问题。这体现为很多本地化的生活空间会成为文旅融合的重要空间载体（比如潮州古城、沙湾古镇以及很多传统村落），越来越多的外地游客的到来，会直接冲击这些地区既有的城市治理模式。

所以，从一开始就应该对景城互动有深入的思考，并针对不同地区、不同项目，做出不同的安排。毕竟，很多村落、城市街区以及古城古镇，在推进文旅融合的时候，主要的问题可能是缺少旅游化发展。缺少的是游客，而一且游客进来，可能主要的问题就转化为本地居民、开发商、经营者、游客等利益主体之间冲突的问题。

这背后更深刻的思考是关于文旅资源和项目的价值认同问题。也就是说，以前一些旅游发展得很好的地方，已经获得了外来游客的价值认同，但未必激起了本地人的价值认同。在这一轮文旅融合发展中，重点之一是如何将一些本地人有着强烈的文化和价值认同的资源，转变为外地人也很认同的旅游目的地。不管是哪一种情况，最终都是要实现外地游客与本地居民的共同的价值认同，这才是最理想的状态，是文旅融合从根本上要追求的，也是这些文旅融合项目和地区最终获得可持续发展的决定性因素。

当然，广东文旅融合所涉及的问题还有很多。比如，文旅融合与乡村旅游、脱贫攻坚、乡村振兴的关系问题，文旅融合与广东所沉淀的一系列记录着中国改革开放和重大转折的"改革开放文化"场景和标志物的旅游化开发的关系问题，文旅融合与"人文湾区""休闲湾区""宜居宜业宜游的优质生活圈"以及"世界级旅游目的地"建设的关系问题，文旅融合与南粤古驿道的保护、传承、利用以及其在推动广东文旅产业转型中发挥更综合价值的关系问题，等等。

文旅融合，价值维新。在广东文旅的新价值时代，文旅融合已经是广东文旅产业转型发展中最重要的战略命题。而且，在此过程中，我们注意到，无论是对南粤古驿道的保护开发，还是对粤港澳大湾区文化遗产游径的建设，广东在推动文旅融合和文旅产业转型发展的过程中，其创意和策略安排都鲜明地体现着由点到线、由线到面、由面到城甚至整体统筹整个区域的特点。这不仅为一个区域内的文旅资源开发提供了产业化、产品化和市场化的认知视角，还为文旅化地审视一个区域的转型发展提供了很好的思路。当全域旅游几乎成为所有地区的战略选择时，如何使既有的文旅资源和项目、增量的文旅项目与区域和城市的整体转型发展实现虚实结合的互动，在最大限度上打破和超越行政区划客观上带来的市场壁垒和社会治理壁垒，是迫切需要解决的问题之一。

对此，广东南粤古驿道的案例这几年可谓表现突出。

广东千年文化的活源头

　　铺陈在岭南大地上的古驿道，它们曾是水路或陆路，官道或民道，被用于传递文书、运输物资，供人员往来。如今，却有的杂草丛生，破败不堪，有的甚至连断壁残垣都不复存在。但它们曾那样真真实实曼延着，连接着岭南与中原，并成为广东千年文化的见证者、建构者和活源头。

　　早在两千多年前，广东还不叫广东，而是一片被百越占据的"蛮荒之地"。当时秦始皇刚吞并六国，雄心壮志的他在地图上指了指岭南，不惜动用几十万人力，修灵渠，建古道，攻打百越。灵渠的凿成通航，沟通了湘江、漓江和西江，使得士兵和粮草的运输变得便利，助推

南粤古驿道上的一座石桥

了秦始皇的统一大业迅速达成，并首次将岭南纳入中华的版图。

由于五岭的阻隔，被百越统治的岭南，不知背靠五岭、面朝大海是何其重要，所以选择偏居一隅。秦汉统治岭南后为了加强对岭南的控制，逐步修筑起条条通往粤地的驿道，使得中国南北文明在那里发生了大规模的汇集、交流和融合。而且，建造起的城池、开辟出的海上丝绸之路，让广州城初现规模，渐渐繁荣，尤其在清朝"一口通商"的政策下，广州的经济令万人瞩目。

隋唐时期，南北大运河的开通导致经济重心向东南偏移，粤地驿道的修建变得异常频繁，张九龄带领开凿扩建的梅关古道，更是成为公文传递、官商通行以及海外贡使进京的要道。此后历朝历代统治者为了拓展疆土，发展商业，加强与粤东、赣闽的联系，在岭南大地上修建了星罗棋布的驿道，形成以广州为中心，向东、西、南、北四个方向延伸的南粤古驿道线网。其中典型线路共六条：粤北秦汉古驿道线路、北江—珠江口古驿道线路、东江—韩江古驿道线路、潮惠古驿道线路、西江古驿道线路、肇雷古驿道线路。

在这些古道上，走过灰头土脸的诗人、快马加鞭的驿员、驼铃声声的客商、挑着担子的脚夫和无数南迁的民众，他们虽都翻山越岭，舟车劳顿，心境却大不相同。

公元 819 年，刚正不阿、屡遭贬谪的韩愈再一次因谏迎佛骨之事触怒皇权，被贬潮州。他收拾起行囊一路南下，行走在颠簸的驿道上，想到岭南之地瘴气弥漫，蛮化未开，这一去恐是凶多吉少，内心顿生绝望，写下"知汝远来应有意，好收吾骨瘴江边"的愤懑。可抱怨归抱怨，到了潮州之后，这个恪尽职守、勤于政事的老将突然又活跃起来。在积极兴修水利、推广北方先进耕作技术之余，还极力兴教育、办学校、扬儒学。经过他的一番治理，这座边缘之城日新月异，而他的劳苦功高也被镌刻进这座城的每个角落，山是"韩山"，水是"韩江"，树是"韩木"，城也被改名"韩城"唤了一千多年。

两三百年后，另一个被贬的官员苏东坡也沿着古驿道缓缓而来，行走到五岭之一的大庾岭时，写下了"今日岭上行，身世永相忘"的句子。在反思中重新认识自己后，内心豁然开朗，逍遥快活地在广东食着"日啖荔枝三百颗，不辞长作岭南人"的人间烟火，泼洒着他的文气和乐天，熏陶着每个岭南人的心田。

据统计，唐宋年间被贬广东的官员达 600 余人，他们虽仕途艰辛，留下的文化却默默滋润了岭南这一方水土。

沿着古驿道南下的民众一直都有，在宋朝达到了一个小高峰。从各个方向汇集而来的闽赣湘和中原民众拖家带口，沿着驿道边走边停，遇到适合生存的地方，便建屋搭桥，安家落户，点燃新的生活。移民带来了各色建筑工艺、生活习俗、宗族制度等，不断丰富着岭南的文化。有些暂居的移民经过几代的养精蓄锐之后，继续南下，形成了如今粤地广府、客家、潮汕三支民系鼎立的局面，影响着广东的人口结构和城市格局。而他们在迁徙的沿途留下了众多富有历史特色的村落，其中最著名的莫过于珠玑巷。

从这些驿道村落门前叮叮当当走过的中外商人，他们不仅为广东、为世界带去了丝绸、金器、银器、瓷器、茶叶、香料……也为这些驿道村落带来货物，带来了集市。一个个墟市就这么产生了，一个个城镇就这样拔地而起，四通八达的驿道上，一时热闹非凡。

总之，几千年来，南粤古驿道不仅带来了商品贸易，还带来精神文化，影响范围小至村落，大至中亚、南亚，甚至西亚、欧洲。如果说，古时中国是经济文明的交汇中心，那么，广东则是中心的中心。

遗憾的是，随着西方工业文明的传入，列车轨道的铺设、火船汽轮的起航，1913 年北洋政府一声令下裁撤驿站，活跃了两千年的南粤古驿道，功成身退。

历史，很容易被遗忘，却又很难被彻底遗忘。

在新千年线性文化遗产开发保护的倡议下，见证了两千年的人事过往、起起伏伏，却在荒草遍地、人烟稀少、看不出来曾经繁华过的地方沉寂了百年之久的古驿道，终于再一次被唤醒。其中很多因城市的扩建、道路的修筑而改线填埋或损毁迁移，濒临湮灭；还有一些在荒郊野岭破败不堪地等待着修复。

但山不转水转，水不转人还转，细细听，细细看，原以为忘了多年的一切，又会回来。

在驿道深处，考古学家们纷至沓来。在那上千公里的历史遗迹中跋涉，无异于穿过一片密不透风的森林，偶尔能见到开阔的草地，然后又迷失在厚密的树丛中。所以只要见到一点点古代的痕迹他们就会急忙停下，用双手轻轻地扒挖，细细地拂拭。

经过层层挖掘，迄今为止，清理出的南粤古驿道及附属遗存已有 200 多处，它们串联着 1000 多个自然和人文景点。古驿道两侧 5 公里范围之内的贫困村也多达 1320 个，其中的地方民俗、名人典故、特色产业也被再次提起。

古驿道在与乡村振兴、精准扶贫、体育赛事的联姻中，古村、古道、古关、古寨、古陂、古码头、古桥梁等再次连为一体形成古驿道文化带。乡野村落里的人，因着古驿道的开发也迎来了新的生活。例如那临近世界"丹霞地貌"命名地——丹霞山，又拥有640多年历史的石塘村，在建设古驿道的带动下，恢复了光绪年间广为流传的石塘米酒，创办了多个酿酒作坊，吸引20多位年轻人返乡创业，古驿道也因着他们的回归而重现生机。

虽然古驿道遍布全国，甚至有世界文化遗产——大运河和丝绸之路在先，但当年过五岭一如李白的蜀道难。恰因险峻，南粤古驿道的沿途风光也变得绮丽而宜人。况且经过这些道路，曾辉煌鼎盛的东方之国的丝绸、陶瓷、茶叶，源源不断地运来，再由港口送往世界各地。所以沿着古驿道，可以触摸过去、走进历史。

热爱运动之人，纷纷参与到奔向广东第一峰铁人三项挑战赛、南粤古驿道定向大赛、穿越丹霞山、广州白云山户外运动节、韩江徒步活动、环雷州半岛200km骑行活动等运动中，在山林小路间挥洒汗水，快意人生。

喜欢追溯历史的人，也不断在古驿道上寻幽访古，去梅关古道看那三株千年古枫，探寻达摩的西来初地，重走六祖惠能南奔广东之路，一睹海上丝绸之路始发港——雷州徐闻古港的遗风，从无言的大地中汲取营养。

历史就这样慷慨地成就了南粤古驿道，南粤古驿道也这样慷慨地将文化馈赠今人。通过初次清理修复，有不少古道又悠悠悄然，河面也是碧波荡漾。如今，哪怕只是在南粤古驿道上徒步一番，也会体会甚多，对自己的人生路更加达观。在如此曲径通幽的千年道路面前，职场的失意、生活的落寞，都会变成历史褶皱中的微尘，甚至像当年官场失意的韩愈和苏东坡一样，来一场"不辞长作岭南人"的历史性旅居。

多元文化对话交流的优秀样本

　　对南粤古驿道的发现和讲述，离不开对其背后所承载的多元文化价值的追问。作为秦汉到清末时期连接中原和岭南的官道和民道，在历史上，南粤古驿道不仅有利于中央王朝征服和统治岭南地区，还为东西南北之间连续而广泛的宗教、商贸、科技、文化等交流活动起到促进作用，使得国内外多种文化在岭南融合协调和共同繁荣。同时南粤古驿道还见证了中华文明和南北文化在岭南大地两千年以来发展的主要脉络及重要历史阶段，是历史上中国建立南北交通与岭南内部交通，广泛开展文明与文化交流、对话的优秀样本。

　　根据目前的研究和梳理，自秦始皇为征服岭南而下令开凿第一条粤北古驿道始，延续两千年至清末，岭南地区在粤北秦汉古驿道线路、北江—珠江口古驿道线路、东江—韩江古驿道线路、西江古驿道线路、潮惠古驿道线路、肇雷古驿道线路这六个线路上，修建形成了由14条主线，56条支线，全长约11230公里的古驿道构成的特大型交通网络。其中著名的古驿道有梅关古道、西京古道、云浮古驿道、上饶古驿道等。

铺陈在岭南的这张庞大线路网，其沿途拥有红华赤壁的丹霞景观、风光迷人的高山石林、物种丰富的辽阔平原、温和宜人的河谷绿洲、地势险峻的关隘山口等诸多地理景观，贯穿了粤北、粤西、粤东、珠三角等多个地理单元，涉及山地、丘陵、平原、森林、湖泊等多种地理形态。从遗迹遗址的类型来看，有古驿道、古驿铺、古驿亭、古关隘、指路石、古碑刻、古码头、古桥梁、古渡口、古栈道等。

南粤古驿道交流沟通的范围涉及诸多省、区、市，连接着中国的中原地区、江南地区和沿海地区，不仅有利于古代朝廷对岭南的统治管理，还极大地促进了广东与外省甚至与海外地区在宗教信仰、民族文化、商品贸易、城市文化、建筑设计、居住方式等多方面的相互交流。

当然，南粤古驿道不仅是军事之路、商贸之路，也是民族迁移融合之路，在历史上曾对中国的政治、经济、文化起到广泛的交流促进作用。

古驿道的景象

　　在不同的历史时期，特别是秦汉统一岭南期间、唐代张九龄开凿大庾岭之后和南宋灭亡之际，为躲避战乱和寻求更大发展，大量中原和闽赣的民众顺着古驿道南下，最终在广东形成了广府民系、潮汕民系、客家民系三大民系鼎立的局面。

　　而随着各地移民的交流融合，沿着古驿道也出现了大量的传统村落，既有广府梳式布局村落，也有客家围屋型村寨。以珠玑古巷、梅岭村、龙湖古寨、龙岗村等为代表的传统村落，不仅其音乐、民俗、饮食等在不同程度上有交流和融合，其居民建筑在形式、材料、工艺、装饰艺术、风格等方面也都展现出不同地理区域与民系间交流发展的特点。粤北民居受赣南、湘楚文化影响，多一明两暗的三合院；粤东民居受赣南、闽西文化影响，多围屋；粤西高雷民居受闽海文化影响，多为三间两廊式的四合院等。

由于古驿道上商贸往来频繁，其沿线逐渐出现一些商铺，并带动周边村落发展形成一系列的中心城镇、商贸聚落或墟市等。而这些城镇、聚落的形制、功能、布局、建筑等展现出岭南大地上不同地理区域与民系间的传统价值观，在城市文化上的交流与发展。特别是广东的中心城市广州，突出展现了多元文化汇聚一身的交流特征。这些中心城镇、商贸聚落、墟市曾在古驿道上占有十分重要的地位，例如珠玑古镇，曾是梅关古道上最重要的中转站。但20世纪新的交通设施出现以后，古驿道逐渐被边缘化，有些村落、城镇和墟市的经济也不可避免地走向了衰退。直到今天，在新的发展理念、开发逻辑和文明价值之追问下，这些沉默的文明与其所在的岭南大地一起，再次被唤醒。

广东北枕五岭，南面大海，在历史的长河中，这片土地上不仅出现了农耕文明，还出现了海洋文明和特殊的制度文明，南粤古驿道不仅促进了这些文明的交流，更是见证了它们的兴衰。

在岭南的东北部地区，由于山地和丘陵居多，人们以农耕为主，出现了代表农耕文明的儒家文化、戏剧、民歌、风俗及各类祭祀活动。如韶关地区的舞春牛和采茶戏、清远地区的闹花灯和凤舞、河源地区的忠信吊灯习俗和花朝戏等。其中客家人深受儒家文化的熏陶，历来学者辈出。

另外就是，靠山吃山，靠海吃海。广东省拥有我国最长的海岸线，其沿海地区从古至今一直延续着海洋文明。中原王朝对沿海地区特别是徐闻古港的经营和开发历史悠久：雷州徐闻早在秦汉时期就开辟了海上丝绸之路，而连接徐闻的肇雷古驿道线路附近至今还有莲塘驿城遗址、芷寮古港古驿道、三墩古港、硇州灯塔等一系列与海洋文明相关的遗址遗迹。

古代帝国在交通设施方面也有其制度，并建构起一套独特的驿传文明。自秦汉时期以降，各朝代为古驿道所建立和强化的一整套古代帝国的交通安全防御体制，在南粤古驿道路网沿线，特别是粤东北地区的系列驿站、关隘乃至古道等各种遗址遗迹中都有所体现。梅关、蓝关、蔚岭关、梅花港隘、高车岭隘、阳山关、莲塘驿城遗址、梅岭驿馆、盐布潭客栈遗址等，曾为整个古驿道的交通安全与管理提供了必要的保障。

除此之外，南粤古驿道的时空框架还涉及多个民族民系曾经建立的多个聚落和地方文明。比如瑶族、壮族、畲族、客家人、潮汕人，这些民族民系的演变更替直接见证了广东省各民族民系发展的主要脉络与重要历史阶段。

基于以上所见证的多民族民系、多文明的长期交流交往历史，分布于南粤古驿道沿线的一系列宗教遗址遗迹还证明了佛教、道教、基督教、天主教，以及民间对海神、山神、风神等的信仰在岭南之地曾和平共处、交融共生。

还有就是，赵佗与任嚣率兵南下攻打百越，这一军事事件拉开了古代中原与岭南政治、经济、文化全面交流的帷幕，使南北文化交流从之前的小范围浅层次交流逐渐发展成大范围深层次的经常性活动，成为中国南北文化交流的重要里程碑。

而岭南地区从徐闻开埠伊始，就是中西文化交流的前沿窗口，连接徐闻古港、黄埔古港、樟林古港等港口码头的南粤古驿道，也随之成为中西文化交流的重要纽带和通道。

其交流的物产极其丰富，有产自中国的丝织品、漆器、铁器、茶叶、瓷器、食盐等，也有产自西方的香料、宝石、服饰等。成品输出的同时，丝绸生产、造纸、印刷、制瓷、凿井、采药制药等技术也经由南粤古驿道从中原传至岭南甚至西方，尤其是瓷器生产技术。

瓷器作为海上丝绸之路中最大宗、最昂贵的物品之一，具有商品及货币等价物的特殊性质。南粤古驿道沿线至今仍保留着众多知名的窑址，如三水洞口窑、番禺沙边窑、佛山石迳窑、潮州笔架山宋窑、丰顺马鞍山窑、大埔余里窑等。

历史上，除商人之外，沿着古驿道进行南北文化交流的还有历代文人、官员、曲艺名伶……他们为岭南带来诗词歌赋、儒家思想和戏剧艺术等，滋润着岭南的文化土壤。正如我们前面提到的，其中最著名的莫过于改变了一座潮州城的韩愈、无限乐观豁达的苏东坡，还有写下传奇戏剧《牡丹亭》的汤显祖，他们在岭南汲取着所需的营养，也为岭南增添了别样色彩，他们在韶关、广州、惠州、潮州、端州等地均留下过足迹与众多不朽的诗篇。

不仅是中国的文化名人，智药三藏、菩提达摩、利玛窦等国外重要历史人物也在岭南沿南粤古驿道传播文化，并在广东留下与此相关的光孝寺、南华寺、西来庵、台山上川岛教堂等文物古迹。

而广东本地，南粤古驿道沿线也是群英荟萃，涌现出明末将领袁崇焕、提出著名"商战"思想的郑观应、中国民主革命的先行者孙中山、使中国茶叶远销海外的唐翘卿、留学麻省理工学院第一人张文湛、中华全国总工会委员长苏兆征、画家古元等一大批名人志士，或改变或推进着岭南甚至整个中国的历史。

国民革命时期和第二次国内革命战争时期，毛泽东在韶关飞舟险渡乐昌九泷十八滩，朱德在潮州饶平主持召开"茂芝会议"，陈毅在梅岭写下著名诗篇《梅岭三章》，红七军途径乳源"血战梅花，强渡乌江"等，古驿道的交通功能在逐渐离场时再次见证了众多革命先烈们的不朽传奇。

中国秦汉史研究会会长王子今在其《驿道史话》一书中提到，"交通系统的完备程度，决定文明圈的规模，同时也影响着各个文明圈之间的联系"，"古代驿道与驿站等构成的驿传系统，恰如通贯中国文明体系的经络。中国文明的升级与活力的焕发，也体现出驿传系统的作用。中国古代驿传系统的较早形成，以及较早具备了相对完备的结构形式，较早表现出相对迅捷的工作效率，是中国文明创造的杰作之一"。

所以，在王子今看来，"讨论中国古代驿传系统的形制、特征及其历史作用，无疑有助于更准确地理解中国古代许多有关的历史文化现象，从而更真切地认识中国古代文明的若干特质，更具体地说明中国古代文明演进的真实历程"。

也正是基于此逻辑，在我们看来，今天我们对南粤古驿道的价值本质之追问，是对岭南乃至整个中华文明演进的真实历程之追问，也是对岭南中华文化谱系的历史性和人文性之追问。而且，考虑到文旅融合的国家战略和时代变革之背景，这也是我们重新唤醒古驿道这一岭南大地上厚重的历史人文资源的前提。

正在被重新唤醒的南粤古驿道

　　当我们尝试对广东南粤古驿道做更多的了解和研究时，让我们颇为吃惊的是，南粤古驿道经由广东省政府明确提出并写入政府工作报告后，与此相关的学术研究、战略规划、基础设施建设、品牌包装、平台建设、体育赛事以及文旅产品和服务的落地，也进入快车道，并沉淀了大量的成果，基本形成了保护性开发、矩阵式推进和产品化利用的效果。

　　南粤古驿道建设开始与粤港澳大湾区文化遗产游径的建设相结合，其不仅将在历史人文主题上实现更加垂直化的产品设计，而且，将延伸到城市空间，从线到点到网不断丰富，进而在广东省域范围内形成全覆盖的格局。

至此，南粤古驿道作为一个整体性文化遗产和旅游、体育服务品牌，已经具有一定的 IP 属性，并在统一的 IP 之下，不断构建和丰富多层次的产品和服务矩阵，不断完善颇具创新性和创意性的产品和服务体系。

当然，基于目前已经完成的战略规划和成果沉淀，在新的文化传承和产业变革背景下，针对南粤古驿道的活化利用，也需要更进一步的思考。比如，最为迫切的问题之一就是南粤古驿道的申遗以及与其相关的地域性的文化价值界定问题：在申请世界文化遗产成为必然选择的情况下，可以对南粤古驿道的文化价值界定和文化遗产边界做出创新性安排，以确保在中国古驿道整体申遗时机还不成熟的情况下，南粤古驿道单独申遗。

具体来讲，这牵涉两个问题。一个是南粤古驿道要不要申请世界文化遗产，什么时候申请？另一个是单独申遗，还是与中国古驿道一起整体申遗，就像京杭大运河和丝绸之路一样？

对于第一个问题，在南粤古驿道刚刚被提出来的时候，还有一定争论。比如，有学者认为，南粤古驿道应该以保护、传承和活化为整体目标，由于申遗具有较大的不确定性，并可能带来过度追求商业价值的情况，所以，不应该过早聚焦申遗目标。到今天为止，南粤古驿道是否申遗已经不是问题，而且，广东省在 2017 年出台的《南粤古驿道线路保护与利用总体规划》中已经提出明确目标：至

南粤古驿道展厅

2030 年，南粤古驿道成为世界知名的世界文化遗产。

目前的问题是，南粤古驿道是单独申遗，还是与中国古驿道整体申遗。在我们看来，考虑到全国对古驿道的空间分布和点线梳理还不成熟，不同省、区、市对古驿道文化的认识和重视程度存在明显差异，也还没有形成强有力的组织管理体制。虽然中国已经有京杭大运河和丝绸之路等线性文化遗产整体性申遗成功的先例，但短期内古驿道的整体性申遗机会还是比较渺茫的。为此，南粤古驿道的独立申遗当更为可行。

如果要进行独立申遗，就需要对南粤古驿道进行创新性的界定。在我们看来，南粤古驿道是整个中国古代驿传体系的组成部分。对南粤古驿道的价值界定维度之一是，对中华文明建构具有影响的中国古代驿传体系，显然也包括南粤古驿道。

基于此，如果可以从中华文明的整体演变来看南粤古驿道的作用，可以发现，南粤古驿道作为中国古驿道体系或者说中国传统驿传体系的重要组成部分，不但直接体现着中华文明的若干特质，而且对中华文明的构建有着重要的标志和标识价值。这在南粤古驿道的研究和文化界定中，是非常重要的一个角度，也是比较主流的研究指向之一。

除此之外，南粤古驿道作为分布于岭南区域内的线性文化遗产，地域性或者说在地性应该是界定其文化和文明价值的另一个价值维度：从南粤地区的文明演进来看，正是因为这些古驿道，中原文化和海外文化才得以在这个地区融合交汇，并与当地文化互相激荡，不断构建起后来我们看到的以广府文化、潮汕文化和岭南文化为代表的广东文化的源流和谱系。通过南粤古驿道，可以洞悉岭南的灵魂和世相。

更具在地性的文化挖掘和更具全球视野的文化价值评判同时展开、互动性展开，以对南粤古驿道的文化价值有更加准确、更具时代性的界定，也是推动以南粤古驿道为代表的中国古驿道申遗的基础工作之一。

对线性遗产的申遗，在中国和全球都有很多先例，关于这些线性文化遗产的价值界定应该有不少经验可以借鉴。对南粤古驿道的独特价值，不仅可以从线性遗产的角度来看，还可以从中国岭南地区的民族和文化变迁的角度来看。也就是说，与一些平原地区的古驿道不同，南粤古驿道的出现和存在，带来的文化融合和文化裂变显然更明显。通过更具在地化的价值表述来构建南粤古驿道的文化价值属性，可能比纯粹的古驿道这种线性遗产价值发现更加重要，在地性、区域性和线性对南粤古驿道而言，都很重要，甚至在地性更加重要。所以说，讲清楚以广东为代表的岭南地区的历史、人文、经济和社会的变迁，将是界定南粤古驿道文化价值的前提，通过南粤古驿道来重新发现和讲述岭南地区的历史、人文、经济、社会等综合变迁，将是一个庞大的工程，也是一个非常具有创新性的视角。

而且，这一文化界定逻辑与联合国《保护世界文化和自然遗产公约》（以下简称《公约》）规定以及提名列入《世界遗产名录》标准具有较高的吻合度。《公约》规定的遗址是指：从历史、美学、人种学或人类学角度看，具有突出、普遍价值的人造工程或人与自然的共同杰作以及考古遗址地带。对提名列入《世界遗产名录》的文化遗产项目提出的 6 项标准（对一个文化遗产来讲，需要符合其中的一项或几项）之一是：能在一定时期内或世界某一文化区域内，对建筑艺术、纪念物艺术、城镇规划或景观设计方面的发展产生极大影响。

当然，除了更加注重对南粤古驿道进行在地性和地域性的文化价值界定以外，还要注意的是，在正式推动申遗的过程中，对南粤古驿道的文化遗产空间边界的界定也要有更综合的考量。在尽可能准确划定南粤古驿道本体的基础上，基于对文化价值界定、展示、保护的需要，应进行适当的周边空间拓展，但也不是越大越广越好，以免对文化遗址后续的保护和活化利用带来负面影响。

考虑到古驿道分布广泛，并不建议过度追求实体上的全线贯通，而是可以在点状、线性和网络之间做出平衡，而且，一些对点状文化遗产的保护，可能在后续的活化利用中发挥更大的综合价值。

另外，基于对南粤古驿道文化价值界定、展示、传播等的需要，可以考虑正式筹建专门的南粤古驿道研究院和南粤古驿道博物馆。以研究院为平台，更加系统地推动南粤古驿道的研究工作，面向全球学术界定向邀约和公开征集关于南粤古驿道的研究课题，并提供资助，以推动南粤古驿道在全球学术界的影响力；建立南粤古驿道博物馆，将分布广泛的南粤古驿道线性文化遗产，进行立体化的、多维度的、创意性的展览展示。从长远来看，一个专门的博物馆，也是一个世界文化遗产的必然选择。在此基础上，还可以发起举办每年一度的南粤古驿道文化论坛，并推动其成为面向全球的思想集散平台。

但不管怎么说，文化是南粤古驿道最本质的属性，离开对文化价值的界定和讨论，南粤古驿道将仅仅是一个物理遗存而已，文化才是南粤古驿道进行一系列活化利用的原点，没有对文化的敬畏，所有的活化利用设计都只是表面的热闹而已。所以，回到原点，让针对南粤古驿道的文化价值研究引领所有对南粤古驿道的活化利用，是不二选择。

与乡村振兴互相赋能

　　南粤古驿道不是孤立存在的，国家提出乡村振兴的战略为更具创新性地推动南粤古驿道的利用提供了条件：南粤古驿道与沿线村落之间建立多元化互动机制，在互相赋能中协同发展。

　　既有的梳理和研究表明南粤古驿道与传统村落关联密切。据不完全统计，广东现存古道本体共计 233 条，其中新发现 135 条，现存古道本体长 710.44 公里；在广东的 2277 个贫困村中，有 60% 的贫困村在古驿道周围五公里范围以内。

　　建筑师阿瑞在其《线性遗产空间的再利用——以中国大运河京津冀段和南粤古驿道为例》一文中指出："现代交

通网络与古代交通网络的错位，造成一些村镇经济动力的衰退，出现现代意义的贫困现状，这是中西方城市化过程中的共性。然而正是低速的城市化，回避人为的破坏性建设，古代的人工建造景观（包括古驿道、历史建筑、传统古村落等）反而能幸存于人类现代开发活动频率较低的地区，现代交通条件较差而城市化程度较低的地区，恰恰是古驿道保存较好的地区。"

对此，我们很是认同，而且，基于这两年我们走访的情况来看，广东很多村落在很大程度上保持了原真性（详情可见《乡愁里的广东》一书），这是很难得的。这些村落之中有大量的古桥、古树、古建筑、非遗等资源，还有一些与家族传承有关的家国故事，是非常宝贵的资源。

不过，无论是从文化保护的角度来看，还是从包括旅游开发在内的经济赋能的角度来看，它们面临的一个很大问题是过于分散——这些村落就像散落于山水之间的珍珠，从文化保护的角度看，价值可能很大，但从市场的逻辑来看，单独一个村庄又很难实现独立的商业价值自洽，市场化的门槛比较高。要解决这个问题，就需要找到能够将这些村落串联起来的文化线索，而且，这一文化线索还要能够在空间上给人以直观的感受，虚实结合，最好能通过一个 IP 化的文旅品牌打造，统领这些碎片化的村落转型和振兴。

在此背景下，南粤古驿道不仅在文化关联性上提供了依托，而且，在空间上有明显的线性布局，就像大运河、长城、丝绸之路一样。如果接下来它能够入选《世界遗产名录》，"南粤古驿道"这个超级IP的形成就指日可待。有了这一超级IP的统领和加持，包括这些村落在内的一系列文化、自然资源就都能找到活化利用和市场化价值变现的通道。

关于南粤古驿道和村落的互动，广东省在之前出台的规划中，已经有了比较具体的规划设计。这就首先从理念和逻辑上进步很多，随着国家和广东省乡村振兴战略的持续推动，将有更多的资源导入村落转型中，这对南粤古驿道的活化利用而言，是一个重要的战略加持。所以，如果说上一阶段针对古驿道沿线村落的转型思考，更多的是从南粤古驿道赋能村落的角度来展开的话，那么，在新的阶段，基于新时代中国乡村价值的重新发现，还有必要通过村落本位的思考为南粤古驿道的活化利用赋能。这些村落为南粤古驿道的活化利用，提供的将不仅是遗存的丰富性、空间的多元性，还是文化的多元性和市场的更多可能性。

所以，从乡村振兴的角度看，南粤古驿道的提出为沿线散落的村落提供了新的文旅坐标，回答了这些村落在哪里的问题，不仅在空间上，更重要的是在文化价值、旅游线路、文化自信上提供了新的坐标。这是这些村落找到新的发展模式，获得新的发展机会的重要前提。

古驿道附近的村落景象

　　而这些村落将是推进古驿道文旅化的重要承载平台。如果说这些古驿道的本体，甚至周边的文化遗产和自然资源是静态存在的话，那么，很多村落，尤其是直接因驿道而兴衰的村落，其实是一种活态的自然和文化资源，里面还有丰富的民间信仰、民俗和民艺，这些都是新消费时代重要的内容和场景资源。

　　而且，从市场快速成长的角度，以及丰富古驿道文旅产品和服务开发的角度来看，这些村落也是很有价值的存在，远比从零开始建设，甚至拆除重建要经济和便利得多。所以，从一开始就应该将这些村落的振兴与南粤古驿道的开发充分结合起来，互相赋能，并通过与来自全球的市场化资源和团队进行对接，创造出更多的可能性。

　　新的视角往往等于新的价值。南粤古驿道的活化利用，离不开这些沿线村落的品质化空间和多元化遗存支撑，在国家提出乡村振兴的战略背景下，南粤古驿道的活化利用将从多个方面为这些沿线村落的振兴赋能。而且，从长远来看，这些沿线村落的保留，将为南粤古驿道长期可持续的活化利用提供无限的可能性。敬畏每一个村落的存在，尽可能保留更多的村庄，需要成为更加广泛的共识。

让南粤古驿道告诉世界

从广州市区驾车两小时，便来到珠海的岐澳古道。这里依山傍水、绿树环绕、历史遗存丰富、保护利用成效明显。南粤古驿道保护利用技术指导组专家黎映宇在讲起对岐澳古道的修复工作时如数家珍，每一处景点的命名、每一处设施和场景的建设理念、每一条道路的修复细节无不体现着匠人精神。

这条南粤古驿道见证了广东文明演进的百年历史。它曾是清代的贸易要道和官道，也曾是连接内地与澳门的纽带。人们经由它将瓷器、茶叶、丝绸等产品运往海外，同时海外的物产和先进的思想也被输送到内地，沿途的名人故事也成就了一代佳话。

不仅岐澳古道褪去了昔日的繁荣，如今的南粤古驿道也已不再能满足繁密的交通往来需求，而是更多地呈现旅游通道的特征。它以线性遗产为依托，串联起岭南大地上的自然风景和特色村落，形成了旅游网络，具有弘扬历史文化、展开考古研究、满足休闲体验需求、与乡村振兴相融合的多元目标。邻近的会同村至今仍完整地保存着岭南古村的独特风貌，已成为珠海发展乡村旅游的重要标志。

与广东省倾力打造的集生态、休闲、运动于一体的绿道相比，南粤古驿道的历史文化底蕴更加深厚，也具有更丰富

珠海—古村的村史展示走廊

的价值内涵。据统计，广东省迄今发现的古驿道及附属遗存202处，其中陆路古驿道遗存107处，总长度约180公里；古驿道沿线文化遗产（省级及以上）有1200多处。

近年来，广东省积极组织开展南粤古驿道保护利用工作，坚持"以道兴村"，不仅促进了沿线村落的环境整治，还大大提升了区域的民生效益、生态效益和经济效益。作为展现岭南魅力、传承华夏文明的特殊之路，南粤古驿道在推动中华优秀传统文化创造性转化、创新性发展上形成了独特的路径。这些，都直接助力广东省文旅品牌的多元化发展。

南粤古驿道文化线路布局

仅从目前已经梳理出来的南粤古驿道遗存来看，它们几乎覆盖了整个岭南大地，或为通商往来之路，或为兵家要道，既是中原地区与岭南地区交流互通的桥梁，也是东西方文明融合的重要窗口。随着人们对南粤古驿道的开发，沿线的古道本体、关隘、门楼、驿站等静态的历史文化遗存被重新激活，南粤古驿道也从古代的运输价值衍变为今天的旅游、生态、经济、民生等综合价值。

南粤古驿道对于贯彻落实乡村振兴战略，发展全域旅游，带动生态保护，构建文旅产业链，以及推动城区、郊区、景区的基础建设与融合发展，发挥着越来越重要的作用，同时也是打造精品乡村旅游产品和服务的一次良好实践。

从文化价值来看，南粤古驿道使中原文化与海外文化在岭南大地交汇融合，并与在地的自然风貌、历史文化和民族风俗等产生碰撞，不断构建起后来以广府文化、潮汕文化和岭南文化为代表的广东文化谱系。踏上南粤古驿道，可以领略广东的心魂。

从商业价值来看，南粤古驿道是海上丝绸之路的起点，是商贸活动的主要途径，它们见证了岭南地区经济的发展进程。而且，在文旅新时代，这一古道已经具备多元化的文旅产品和服务开发的条件，已经成为并将继续成为广东文旅融合和文旅产业转型发展的重要资源依托，市场潜力巨大。

南粤古驿道对广东省旅游的带动效应已经十分显著。据统计，2019 年春节期间 14 条南粤古驿道的游客量为 586.84 万人次，比 2018 年春节期间增长 96.99 万人次，增长率为 19.80%。

广东省长马兴瑞在 2019 年《政府工作报告》中提出，"加强南粤古驿道、古村落、红色革命遗址保护和连线开发，提升岭南特色乡村风貌"，"规划建设大湾区文化遗产旅游路径"。

广东省有关部门已经推动并实践了一系列围绕南粤古驿道的文旅化和综合性开发，比如：通过打造古驿道精品文化线路，吸引城市游客、资金等向乡村地区流动，建立起城市向乡村赋能的新途径；以南粤古驿道为载体，举办文创大赛、摄影大赛、定向大赛、户外运动、研学旅游等一系列活动，这些活动不仅具有很强的参与性，还发挥着教育的作用，将乡村文化反向输送到城市，呈现了城乡一体化发展的新态势。

一个地区真正的吸引力不是某个符号或者事件，而是文化软实力背后的价值理念。所以，作为线性遗产，南粤古驿道还可以充分发挥对于广东文化进化的支点作用，与各地联接、互动，形成联动营销效应。比如，珠海市将历史文化保护传承融入城市的发展战略，南粤古驿道的活化利用为珠海申报历史文化名城提供了有力支撑。

更多的改变正在发生，并将继续发生。接下来，可以在更加系统地和专业地界定南粤古驿道文化价值内涵的基础上，在政府引导和监管的前提下，大胆引入市场运营主体，构建相应的市场化运营机制和平台，推动市场化和全球化的资源配置，为南粤古驿道的活化利用提供源源不断的社会和市场力量；在更具敬畏感和历史性的保护、传承、活化理念指引下，寻求文化价值和市场价值的最佳结合点和平衡点，为南粤古驿道综合价值的实现提供更多元化、更可持续的发展动力，从而推动南粤古驿道的活化利用进入新的时代。

事实上，广东省在此前出台的关于南粤古驿道的规划中，对市场化运营机制的原则和方向已经有了明确指导意见，只不过，在目前已经形成的一系列成果的基础上，还可以更加具体化。

比如，无产权，不市场。可以考虑成立专门针对南粤古驿道的文旅投资公司，开展与南粤古驿道有关的文旅资源的产业清晰化工作；可以专门发起成立南粤古驿道文旅产业基金，进行市场化的资金运营；还可以发起成立南粤古驿道志愿者服务中心、南粤古驿道露营地联盟等产业和服务平台，引入更多的社会力量，为南粤古驿道的活化利用提供高效和多元的服务；在现有的南粤古驿道网的基础上，强化线上传播和产品开发，与新媒体营销、电子商务、智慧旅游等功能和服务融合，升级打造针对南粤古驿道的智慧旅游和数据服务，逐步将更多资源、产品和服务纳入进来，以服务于广东全域旅游的发展，并起到平台支撑作用。

正如前面提到的，南粤古驿道是少有的能够贯穿全省域的文旅主题线索和空间线索。从全域旅游的角度来看，如果做好了，它将是广东省全域旅游发展的重要产品、服务和平台依托。南粤古驿道的出现，其实是为包括乡村旅游在内的既有的和一些新的文旅目的地提供了一种整合的逻辑和载体。另外，随着自由行和自驾游的兴起，文化旅游带的兴起已经越来越明显，除了常见的名山大川之外，典型的线性遗产是构建这种黄金旅游带的重要载体和依托，南粤古驿道也有这样的价值和可能性。

而且南粤古驿道的品牌、产品和服务体系的成功打造，将为全国的古驿道保护和活化利用提供很好的经验，甚至可以进一步推动中国古驿道的活化利用。

"寻访华夏古驿道，讲述中国好故事，创新广东新文旅"。南粤古驿道经过几年的活化利用实践，已经初步建立了品牌，随着新消费时代的来临和一系列新的国家和区域战略的布局，南粤古驿道已经具有与更多的时代关键词相融合以及与国家战略相契合的空间和可能性。

当然，这也对南粤古驿道的活化利用提出了更多的要求。比如，可以从更高战略维度考虑南粤古驿道的活化利用与互联网、信息化和大数据的结合，在现有信息和媒体平台的基础上，进一步构建智慧驿道平台，将文保、电商、文创、营销、赛事等功能统筹考虑；可以使南粤古驿道的活化利用与广东丰富的非遗资源的创新性开发充分互动，让两者互相赋能。这不仅将在空间上最大化推进广东文旅产业转型，而且，也将在文旅产业链上重塑广东文旅的产品和服务供给体系。

思考不止，创新不止。除了已经展开的一系列文化性、功能性和经济性的活化利用外，还需要提前做好南粤古驿道周边地区的社会治理创新的安排，使南粤古驿道的活化利用真正立足于改善民生和推动广东社会治理改革，激发古驿道沿线地区的文化自信和发展自信。这是最根本的，是将来可能对南粤古驿道活化利用产生重大影响的部分，也是最容易被忽略和搁置的部分。

期待南粤古驿道更综合的价值变现和意义呈现。

第二章

缤纷岭南　非遗广东

针对非遗和贫困的关系，我们曾经做过一个研究，将国家级名录里的非遗分布图与国家级贫困县的分布图进行对比，发现两者竟然有较大的重合度。这个发现让我们既感慨又兴奋：在经济贫困的地方，文化却是丰富的，那么，从非遗出发是否可以对这些贫困地区的发展模式进行重新思考呢？

一开始，我们的想法比较简单，就是希望通过非遗这一元素实现对那些已经被标签化的贫困地区的重新发现和讲述，从而让以城市社会为代表的外部世界，对那些贫困地区有不一样的认知。在我们看来，这将是改变那些在传统经济意义上的贫困地区摆脱贫困的重要前提之一：唯有重新发现，才有新的价值变现。

后来我们还在北京做过一次小型非遗展览，包括狍皮衣服、桦皮盒子、长江号子等。因为参会的多是财经界领军人物和官员，我们一度担心这些边缘地区的风景和文明无法在城市的语境中得到共鸣。但实际的结果远超出我们的预期，效果非常好，竟然还有人要现场定制桦皮盒子作为送给高端客户的礼物。

更有趣的是，在当时的论坛上我们还邀请了美国奢侈品协会的主席就奢侈品的一些特质进行了介绍。当我们把非遗的一些特质与奢侈品的特质进行比较时，突然意识到，很多非遗项目和产品与目前国际上主流的奢侈品有着同样的特质。那么，为什么我们的非遗不但没有获得基本的价值认知，更没有获得相应的经济收益呢？

也正是从那时开始，我们更进一步地思考，对非遗的发现、讲述、创意，让更多的非遗走进人的生活，推动非遗的产品化和商品化。这不仅是对边缘和贫困地区价值的重新发现，也是对包括城市空间在内的中华传统文化的发现和讲述；不仅是针对中华传统文化的拯救性工程，更是提升中华传统文化的现代性的努力；不仅具有多元而深刻的人文价值，更具有充分的市场理性。很显然，对非遗的重视和重新发现，不仅是落后和边缘地区的事情，也是发达和城市地区的责任。

截至目前，广东共有4项人类非遗项目（粤剧、古琴艺术、中国剪纸、中国皮影戏）、147项国家级非遗项目、701项省级非遗项目。在国家级非遗项目代表性传承人方面，广东共有132人，居全国第六位。

除此之外，我们相信，在岭南大地上，还保留有大量的非物质文化遗产，它们可能直到目前都没有被外界注意到，更没有进入国家的非遗名录，但这并不能影响这些非遗的多元价值存在，这些非遗是其所在地区的历史、人文、自然、生态、社会等方面最忠实和优雅的在地化记录。

如果要去寻访岭南大地上最安静的风景最沉默的文明，怎么能缺少对这些非遗的关注呢？当然，受时间和篇幅的限制，我们在本书中不可能穷尽对广东非遗的发现和讲述，但这并不影响我们通过非遗这个窗口，来发现一个"不一样的广东"，是所谓"缤纷岭南，非遗广东"的逻辑之所在。

潮州珠绣：
传承的不仅是指间的奢华

　　一直以来，人们就乐于自己动手做一些手工品来为生活增光添彩。在制造业尚不发达的时代，小到服饰背包，大到桌椅床柜，一般的生活必需品都要自己动手制作。到现在，人们手工制作实用品的比例在减少，并开始转向购买具有装饰性的手工艺品，如常见的可挂在家中的各种刺绣。

　　刺绣是用针线在织物上绣制出各种装饰图案的一种民间艺术，距今已经有两三千年的历史。在封建社会，除了民间的自绣自用，还设置专门的绣坊为统治者提供服务。那些受到皇室贵族喜爱的绣种逐渐发展壮大自成一家，并传承至今。

珠绣就是其一，只不过在那时它还未成为独立绣种。时至今日它又因自身的普适性和美观性从一众手作中脱颖而出，成为女生喜爱的手工活。它的普适性在于它可以作为一个出彩的点缀被放置在任何地方，不论是衣服、鞋子、手提包，还是扇子、胸针、发夹或耳环，珠绣都可以与之完美融合并为之增添一份与众不同的美感。

我国有四大名绣：苏绣、湘绣、粤绣、蜀绣。其中粤绣是广州刺绣和潮州刺绣的总称，珠绣则是从潮州刺绣里衍生出的新品种。

珠绣起源于唐朝，鼎盛于明清时期，但从珠绣的历史发展来看，它并不是一开始就在粤绣地区，而是出现在盛行刺绣之地的古徽州，根据历史记载，在当时绣娘所绣的刺品中珠绣可占大半。

清代光绪年间珠绣才开始进入粤绣地区，据记载，菲律宾华侨回国时带回了玻璃珠绣拖鞋，后来广东进口玻璃珠制作珠绣品进行售卖，成为国内玻璃珠绣产地之一。新中国成立后，工艺面临失传，随着潮州婚纱晚礼服的兴起，珠绣才又重新回到大众眼前。

珠绣分为全珠绣和半珠绣两种。全珠绣是在产品面料上绣满玻璃珠，半珠绣则是在部分面料上绣制玻璃珠。按作品又可分为珠绣服装、珠绣包（袋）和珠绣画三大类。其中珠绣画是新品种，它融合了广绣、潮绣技艺，并结合绘画原理与色彩构成发展而成，为珠绣传承人黄伟雄在机缘巧合之下开创。

黄伟雄的奶奶和母亲都是绣娘，耳濡目染之下，他七岁时学会了绣花。高中毕业后黄伟雄考上工艺美术学校，在地方国营潮绣厂工作了一段时间之后，于1993年创立自己的珠绣公司。一次助理无意之间把装珠子的碗打翻，五颜六色的珠子混杂在木盘里幻化成一副大自然的画卷，这才激发了黄伟雄用珠子作画的想法。

在珠绣画的创作过程中，画花稿图样大约需要一个月。之后一个漫长的过程是准备原材料，因为珠绣的装饰形象是通过珠子作点，穿连组合而成，即利用粗细不同、疏密不同、方向不同、珠型不同、大小不同以及色调不同的珠子，构成层次丰富、富于变化的装饰效果，所以，往往需要专门订做。

颜色搭配是珠绣画的难点，也是决定美观度的关键因素，这不仅是考验绣工，也考验文学和艺术修养。

《九龙图》是黄伟雄在国家级和省级的工艺美术精品展览评比中获得金奖的作品之一。这幅珠绣画以北京故宫的《九龙壁》为原型，共用了126万颗珠子，耗费近200天的时间完成。整幅画采用立体垫高绣法，图片无法展现出的是珠绣画既有动感又流光溢彩的奇异效果。

黄伟雄在论文《独特的绘画形式——珠绣画》里论述了珠绣画的特点，"由于构成材料的不同，它不是平面的，更具三维画的效果。由于玻璃珠子、绣片具有光的反射、折射、散射功能，不同技法组合排列，画面更具动感和流光溢彩"。

珠绣应用到服饰中的历史已久。隋朝京城游乐场里的艺人"盛饰衣服，皆用珠翠"；唐时宫廷有珠绣被面，用米粒大小的珍珠绣成鸳鸯、花卉图案；到清末，袁世凯曾奉给慈禧太后一件用珍珠与宝石绣成芍药图案的衣服。可见珠绣虽属民间工艺但都为贵族使用，它的美感追求是华丽高贵。

现在看来，珠绣被归到潮绣这个大类下也有偶然的因素。19世纪初，南粤地区大量进口珠绣原料，潮州绣庄就用这些珠绣片替代昂贵的金银绣线，开始生产珠绣品供应外国客商，此时的珠绣只是作为潮绣的点缀，未成为独立绣种。新中国成立之后，珠绣因为材质独特工艺别致在海外大受欢迎，这才渐渐成为潮绣的新品种。

在这之后，潮州借助珠绣斩获"中国婚纱晚礼服名城"之称。改革开放时期，毗邻港澳台的潮州享有优越的地理位置，交通方便，信息通畅，洞察到商机的潮州人在此时趁机将现代服装与在海外受欢迎的潮绣相结合，生产出一批绣缀有精美珠粒和五彩珠片的婚纱晚礼服出口到欧美国家。

那时国外用钉珠方法制作的晚礼服非常稀缺，恰好潮绣传统工艺与晚礼服的结合迎合了市场需求。潮绣厂在美国举办了多场婚纱礼服展览会，到20世纪90年代潮州婚

纱已在欧美市场占据了一席之地,《国际时报》的评论说:
"中国潮州珠绣时装一开始就来势汹汹,把印度产品打得
招架不住。"从最初的出口到推出自己的品牌占据当地市
场,潮绣传统工艺功不可没。

这也源于珠绣将华丽高贵的美感表达与婚纱礼服设计
的需求相契合,这一工艺创新让潮州婚纱晚礼服产业在全
国乃至世界有举足轻重的地位,让传统工艺在换上时尚新
颜的同时也让潮州收获了"婚纱名城"这一城市名片。

如今,潮州珠绣的奢华特性得到越来越多殿堂级品牌
的青睐。香奈儿、华伦天奴和迪奥等高级定制礼服在设计
上大量使用刺绣和立体珠绣等工艺,为礼服的高贵做加
持。前身是潮州市潮绣厂的广东圣地亚公司对潮绣礼服做
出巨大创新,继带动潮州成为国际婚纱、晚礼服的时尚中
心之后,又搭上新奢华主义流行的风潮推出一系列珠绣时
装,在CHIC2007的展台上释放光彩。

不过,即使珠绣工艺向上可奢华向下可亲民,潮汕地
区精通此道的民间艺匠也已经为数不多,珠绣工艺人才的
奇缺成为珠绣发展路上的最大阻碍。为此,广东圣地亚服
饰有限公司总裁姚瞻武表示:圣地亚会与有48年研究经
验的北京服装学院合作,建立相关教学科研的实习基地,
共同研究、开发濒临失传的潮汕珠绣工艺,使其得到更好
的继承与发展。

在搜索引擎输入"潮州珠绣",页面上显示的是满满

的某某珠绣时装厂、某某珠绣有限公司之类的字眼，可见手工珠绣作为极具潮州地方特色的产业，有着十分旺盛的发展势头。百度百科的最下面也直接给出了关于珠绣的市场分析以及投资建议，以此来支持引导更多的人投入珠绣行业当中。

为了回应市场对珠绣的大量需求，社会上除了工艺美术学院开设相关课程之外，一些线下培训班和网上教程也给爱好这项手工和想要从事这一行业的人提供了便捷的知识获取渠道。虽然这些人不是被认定的技艺传承人，但他们出于对珠绣的热爱，为传统手艺的传承与创新做出了自己的贡献。

从潮州到全国各地以至国外，珠绣的手工制作聚是一团火，散是满天星。萧山珠绣非遗传承人王丽华将花边、刺绣与珠绣结合到旗袍上，展示女性的优雅与美丽；厦门珠绣的工艺美术师谢丽珍专注于用玻璃珠、电光胶片和丝绒绣出各种花鸟图案，展示具有独特装饰手法和艺术风格的手作技艺；还有将国外的法式刺绣作为新元素加入珠绣中，两相结合做出的绣品造型感更强，珠绣也探索出了它的新领域；等等。

就现状而言，珠绣大受手工爱好者的青睐，它适应了时代的审美要求，在日常生活中得到普遍应用，因此学习和使用的人越来越多。但同时，珠绣也与其他非遗面临着同样的问题：愿意承担传承责任的人寥寥无几。这个时代缺少静下心来一针一线慢慢做事情的人，大部分人欣赏美，小部分人创造美。

　　然而"只有工艺的存在，我们才能生活。如同影子离不开物体那样，人们的衣、食、住、行也离不开工艺品。如果工艺是贫弱的，生活也将随之空虚"。潮绣艺人在带着梦想、喜悦的手工劳动过程中创造出了潮州珠绣，而他们创造美的同时也创造了生活。

佛山彩灯：
与崇实尚利的民俗审美相结合

灯会，起源于汉，兴盛于唐。电视剧《长安十二时辰》将大唐盛世之时百姓沿街赏灯的热闹场景再现。在剧中，著名工匠毛顺为皇帝建了一座空前绝后的大灯楼"太上玄元灯楼"。这灯楼的绝妙之处，一是在于灯楼内部构造复杂且精巧，二则是灯楼在燃灯后，灯身最终会由初始云雾缭绕的仙山，幻化成一尊老子神像。

正是因为看到皇帝耗费大量钱财造灯而不救济灾民，所以毛顺被"反派"说动，加入利用灯楼刺杀皇帝的行动中。

郑处诲的《明皇杂录》、韩鄂的《岁华纪丽·上云灯楼》等文献记载，匠人毛顺为唐玄宗建造了灯楼，可见历史上确有其人。

有人推论，毛顺是唐长安三兆村人，因为三兆村从古至今一直都有灯笼村的称号，大唐不夜城的彩灯就是由西安三兆村的老艺人所制。但事实上，《长安十二时辰》中的彩灯是由被誉为"天下第一彩灯"的四川自贡造的。

彩灯源于中原花灯习俗，到宋时遍及民间，中原人南迁在各地生根，于是便有了具备不同特点的各式彩灯。但佛山彩灯是否起源于宋，在史料中也并未找到明确依据，唯一能确定的是盛于清。

明清时期的佛山是中国四大名镇之一，经济发达且当地民众崇尚求神礼佛。在二者的共同作用下，彩灯彩扎行业的发展日益成熟，不仅售给当地人，还出售到外地。发展到现在最大的改变是，绝大部分的市场落在外地，佛山本地反而没有了市场——当地节庆的没落是主要原因。而在全球化的进程中，各地传统民俗多少都出现了这种状况。

那么，作为传统节庆相关物的"彩灯"怎么应对这种情况呢？它们以前作为百姓日常生活中的实用物存在，时代变化后被使用的机会相应变少，像佛山的木版年画，从前家家户户过年必备，人们用它鲜艳的色彩来装点新年的喜庆。城镇化进程的加快，让年画有些水土不服——门神年画是成对贴的，但门变成单扇的了。况且，这些传统节庆用品大多是纯手工制作的，虽然目前也有一部分改用机器，但与纯机器生产相比，手工制作周期较长，价格较高。

所以，即便彩灯是作为传统节庆相关物存在，也不必要始终跟随着节庆的走势，在新时代可以尝试一些新的表达。

有相当一部分人表示，现在的佛山彩灯不符合他们的审美。说起佛山彩灯给人的第一印象，那就是颜色艳丽，像大红、大黄、深蓝这样的色彩使用起来毫不吝啬。传统的佛山彩灯选用的材料就是艳丽的玻璃纸、丝绸、彩色纸以及尼龙等，后因它们颜色保存时间短而弃用。现代多采用新型材料色丁，它能让花灯长期在室外展览而不褪色。

从中也看到，佛山彩灯虽然实用性降低，观赏性的比重却在升高。近几年"夜色经济"成为景区标配，白日游一天，等日头落山了，还能再开放小半天。但其中彩灯只是很小一部分，毕竟不是专门的彩灯展，占大比重的还是性价比更高的LED。

佛山彩灯种类繁多，高达上百种。从款式上来分，有宫灯、走马灯、鸟兽虫鱼灯、吊灯以及座灯五大类，其中不用"走马观灯"的走马灯，蜡烛点燃后产生热气，气流带动轮轴转动，烛光将剪纸投影在灯屏上，图像随轮轴转动变换。现在使用新技术与传统手工艺结合，改为用电驱动轮轴转动。

值得一提的是，佛山剪纸与佛山彩灯关系甚密，在彩灯中使用剪纸也是佛山彩灯的独特之处。像苏州灯彩，灯面上习惯以颜料绘制素雅的兰梅竹菊等花草树木或一些虫鱼鸟兽。而且，传统的苏州灯彩在颜料的使用上，黄、白不用，大红大绿少用，红搭紫不用，秉持着江南一带惯有的清淡。相比于佛山彩灯配色的喜庆，苏州灯彩的清淡可能更受年轻人喜爱。苏州灯彩的手艺人则表示，会突破传统，吸收各灯之所长，大胆采用配色。

传统技艺几乎都面临传承人断层的难题，这已然成为保护非遗路上的关卡。前面提到彩灯的制作周期较长且工艺繁杂，不能不说是难以找到传承人的原因之一。

彩灯制作分为设计、扎廊、扪衬、装配四大工序。设计是第一步，通常由工艺师设计好彩灯的形状、色彩以及装配样式，理论上要求既保持传统，又美观新颖。这是能让传统艺术转变为时尚艺术的重要一步，事实上，各种传统手艺都在扩宽题材。彩灯除了引入贴近生活的题材，也在紧跟网络时尚，也就是"跟上潮流，就能活下来"。第二步扎廊又叫扎骨架，是彩灯制作的核心技艺。扎廊、扪衬、装配三个步骤和狮头与纸扎这类技艺在制作上有异曲同工之处。

在制作技艺上，还有一种灯与众灯不同，它以针刺闻名，那就是硤石彩灯。每张灯片都需经过手工针刺，一件成品一般需要手工针刺几百万个针孔，最密时指甲盖大小的地方能针刺 32 个孔。为什么硖石灯彩要以针刺呢？据说这项工艺是从隋唐时期流传下来，针孔的作用是，让光线从中透出来，达到流光溢彩的效果。

相比于其他手艺，彩灯的学习周期是比较长的，因为要学的东西很多，比如剪纸和装饰。省级传承人陈棣桢接受访谈时说，至少要先做三年入门期的学徒，经三到五年的基本功学习后，才能专攻灯色扎制技艺，再八到十年后才能成为彩灯扎作艺人。这样程序化、系统化的艰苦学习，也起到了优胜劣汰的效果。

传统手艺申遗之后，政府会为选定的传承人提供一定的资金援助，同时需要他们参与技艺的传播活动，如作品展览、授课等。佛山彩灯艺人李文涛在向年轻人授课的过程中发现，大多数人受不了这个苦，他们的父母也不愿意孩子将来从事这个行业。像他这样长期制作彩灯，到了晚上手的关节会隐隐作痛，职业的艰辛他亲身体验到了，所以也能理解年轻人学艺的半途而废。

既然手工制作起来艰苦又费时，那能否采用批量化生产？有一句话说，"天下武功，唯快不破"，有速度就拥有了一切，也有另外一句"欲速则不达"，讲究慢工出细活。诚然，批量生产的商品更大众，像家家户户过节挂的花灯，就属于可以批量生产一类；而另一类是彩灯艺人所制作的、用以观赏的艺术品。质佳量少，就是珍品，所吸引的用户是有欣赏水平及购买能力的人群，和高定奢侈品定位接近，两者的差距在于品牌的塑造不同，即能否把一个故事讲好，赋予产品一个独特又贴合的标签。

彩灯最初出现的场景是灯会，灯会在古时是国家经济繁盛的象征，如果国家不够强大，百姓流离失所，温饱都顾不上，就不会有这样的娱乐活动了，所以《长安十二时辰》中唐玄宗邀请各国使节在上元节当日一同赏灯，以大国气势震慑四方。

在陇右道的戍边剧情中也提到了，所有戍边阵亡的人，名字都会出现在花灯上，从正月十四夜燃到正月十七早上，长安百万民众，莫不争相观看。灯素来与求神祈福相关，试猜想在花灯上写上亡者姓名的原因，是他们对此生扬名的祈愿，或是对下一世的期盼？

等彩灯到了佛山，与佛山民众崇实尚利的民俗审美需求结合，利用其拜神求佛来求子、求财、求福的用途完全凸显出来。在佛山甚至整个岭南地区，凡年前添丁的人家，每到过年节庆时，都要在本族祠堂挂灯，以示新丁入族，且每年灯节都要更换新灯，以示香火延续。在挂灯时，还会配以一整套独具当地传统风俗的流程，但十里不同风，百里不同俗，各地的上灯流程或许会有一些细节上的差异。

彩灯艺术发展到今天也算经历过大起大落，在绝境时也借助生产、流通、销售这些生产性保护的手段安然度过。对于佛山彩灯来说，除培养继承人之外，塑造品牌增加文化附加值，不断注入新素材继续赢得市场和受众也是必要的。毕竟，传承不仅停留在师徒相传上，更要通过一些文化产业的途径。

佛山狮头扎作：
提及黄飞鸿，就不能不想到它

在电影《狮王争霸》中，黄飞鸿舞着一头醒目的狮子，狮子眼神犀利，威风凛凛，令人印象深刻。这醒狮就是佛山的"黎家狮"，这是黎家狮史上浓墨重彩的一笔。导演徐克当年为拍摄电影特意向黎家狮头馆定制，彰显了黎家狮头的品质。很多人不知道的是，现实世界中的黄飞鸿最爱舞的同样是黎家狮头。

《佛山忠义乡志》上记载："佛山狮头制作精良，省垣及外洋均来定购，多在石路铺。"民国时期，佛山做狮头的作坊有十家，最受欢迎的是黎家开在石路铺的扎狮作坊。老顾客对其的评价有"款色最优，用户满意，买过回头"。

在款式设计、色彩运用上，黎家狮透露出浓郁的民俗风情，佛山狮头上绘的图案多是传统吉祥纹样，非遗传承人在向辅导班的小朋友传授扎狮技艺时，多是先教他们画这些纹样。色彩上以大红、丹色（日出的颜色）、黄绿为主，以黑白为辅。

佛山狮头最负盛名的要数刘、关、张三狮，三者颜色与舞法各不相同，其中要属张狮最难舞，黑色的张狮，代表着霸气与勇猛，因此对舞狮者的要求较高。

相比北狮，南狮的特点是，狮头上有角，又因在狮头上配以洁白兔毛、马尾毛、五彩绒球、小圆镜等饰物，整体造型更加美观生动。华且有实，狮头制作精巧坚固，狮头里外各铺上三层纸，中间还夹一层纱布。但不足之处是太重，现在舞狮人中练过南拳的不多，太重的话拿一会儿

广东旅博会上展示的佛山狮头

就会筋疲力尽，所以如今的狮头也做得较轻。

黎家狮头馆和鸿盛馆之间只有约 100 米的距离。在我们曾经写过的一篇文章《非遗｜南派醒狮：一个人的武林》中，主人公黄忠坚在鸿盛馆学习南拳与醒狮，后来借师父的人情到黎家狮头馆买狮头。

狮头制作与舞狮的两馆形成了一个完美的商业与人情的闭环。有狮头的买卖，也有同是技艺传承人的惺惺相惜。黎家狮头的传承人黎婉珍缓解身体劳累的方法就是找鸿盛馆的馆长，也是蔡李佛拳五传弟子的夏汉广做推拿。

狮头制作分四步：扎、朴、写、装。在第一步扎狮头骨架的步骤中，总共有 1300 多个扎点。这是一项重复枯燥的劳作。也正是这 1300 多个扎点，让黎家狮头成为所有狮头中最结实的——成人站上去也不会踩坏。

扎点的作用是连接、定型与稳固，除了直接缠绕其上的纱条外，起到相同作用的还有热爱狮头的人和他们所做的事。

第一个"扎点"，要从黎家狮发迹的第一代彩扎艺人开始。佛山彩扎业在宋朝时就已经出现，但一直到清代中叶才有狮头行。道光年间，黎家狮第一位传人黎振辉在纪岗街开了一家名叫"黎祥新"的扎狮作坊，扎好了黎家狮头代代相传的第一点。

时至今日，黎家狮的第五代传人黎伟和黎婉珍兄妹接过传力棒，续写黎家狮的历史。2008 年，佛山狮头扎作被评为国家级非遗项目，2009年黎伟被评为佛山狮头扎作国家级传承人。佛山市非遗保护中心给了他一万元的项目资助费用，同时他要承担作为传承人的责任，为开展传承工作收徒办学、做公益性的展演、进小学传授技艺等。

黎伟一边教授小学生狮头制作工艺，一边头疼收徒的难题。妹妹黎婉珍这边倒省了不少的心，一直以来黎家狮工作室只有她一个人在做，女儿周嘉欣不想妈妈太辛苦，辞掉教师的工作回来学习扎狮头。新的"扎点"出现，佛山狮头也有了第六代传人。

黎伟并非没有徒弟，只是没有收到他想要的，能够真正传承这项手艺的徒弟。但他的徒弟之一欧琦辉是与之前不同的新"扎点"，她是一名年轻的小学老师，仰望着前辈们可以为剧里剧外黄飞鸿制作狮头的功绩，憧憬着有朝一日也可以亲手做一个。

她把《狮王争霸》里黄飞鸿舞的狮头，用3D打印技术打出来，摆放到展示厅。有不少人认为，用这样新潮的方式表达是对传统的不尊重。欧琦辉则觉得，这是佛山狮头多走出的一条路。一项技艺可以分为文化和手工艺两个方向，文化的传播就是要越新潮越现代化才好，有情怀也要有创意。

非遗文化的传播，需要合作、融合与推广。市面上出现一些主打非遗传统文化的市集，一方面汇集非遗匠人和文创品牌，一方面找寻合作商创造消费场景。比如猛犸市集，不做内容研发与设计，只是作为一个平台，给非遗匠人增加变现渠道，同时需要他们带来内容。

对于非遗项目衍生出的文创产品，一般要求其轻便便携，调性上与生活息息相关。欧琦辉以佛山狮头元素制作出了一系列文创产品，如摆件、扇子、包、围巾等，旨在让文化走进生活。

非遗文化的传播方式有很多，也有很多借用了现代化的方式进行全新的表达。有的人会担忧非遗被改得面目全非，全然失去了其本质。但现实中的很多案例显示，让传统在表达形式上现代化一些，反而能迸发出别样的风采。比如陆丰皮影戏，不管是皮影本身，还是表演时的唱腔唱词、操纵手法，新的创作都不算丢失本质。只不过是以前人爱好听戏，现代人爱好听相声的区分。载体的性质没有变，改变的是表达的内容。

国家文旅部在 2019 年确定了十项重点任务，其中之一是切实将文化遗产保护好、利用好、传承好。而非物质文化遗产的品牌化是当下保护非遗的有效方法之一，比如佛山醒狮非遗项目衍生出来的 IP "狮王阿醒"，从 2018 年起开始进行授权，至今已与华为、ABC KIDS、魔吻 MOVER、MC 及广州龙狮会活动等进行品牌联动。

从目前的形势来看，美感度越高的文化品牌获得与其他品牌合作的机会越多。在审美严格的当代，产品的美观性对销售有直接影响，比如之前 kindle 联合故宫文创定制纪念版壳套、特仑苏牛奶换上京绣装扮等，最大的卖点就是传统国粹之美。

另外，佛山有意将"醒狮"打造为城市旅游形象的标志。城市形象是城市给人的印象和感受，一提到佛山，大多数人首先会想到黄飞鸿，即系列电影打造出的黄飞鸿的英雄形象。一提到黄飞鸿，最先想到的是他闻名海外的佛山无影脚，但让人印象最深刻的要数《狮王争霸》中与黄师傅举着狮头与群狮相斗的精彩场面。如同到北京旅游一定要登一次长城，到佛山也必看黄飞鸿醒狮表演，才算不虚此行。现在提倡文化与旅游结合，佛山醒狮自带的历史底蕴，恰好深化了佛山作为旅游城市的文化属性。这也是时代背景下不可或缺的一个重要"扎点"。

相比于一些逐渐式微的非遗项目，佛山狮头具备得天独厚的优势。1300多个扎点能塑造出坚固的狮头，黎家狮传承与发展的"扎点"也在不停完成着，而未完成的那些相信不会只存在于我们的想象中，它们一定会以让人意想不到的方式出现。

陆丰皮影戏：
人是假的，戏是真的

电视剧《陈情令》的热播，让一个小纸人也火了。在剧中，夷陵老祖魏无羡除了用笛子和符咒，还会用注入灵力后可移动自如的小纸人。在老祖手中，前者是具备杀伤力的武器，后者是搞恶作剧的道具。

但在魔幻类剧中，纸人通常是由邪术操纵，具备较大的杀伤力。

《无心法师》中的岳绮罗用纸人摄取人的魂魄，《千与千寻》中的汤婆婆用纸人追杀白龙，纸作为一种媒介，能够让无形无迹的"灵识"依附在其上。

在纸之前，人们用的是树叶。在一种巫术中，树叶被认为是避邪之物，当遭遇邪祟时，它可以起到替身的迷惑效果，人得以逃过一劫。

树叶也被用来招魂，除去叶绿层后的透明表层，再经剪形上色制成影偶，在光线下投出影子。影是实物之魂，与灵魂具有相同特质。人们相信，亡者灵魂能附在影偶上。那么，与其说用来招魂的是树叶，不如说是"影偶"。

杜甫在《彭衙行》中写"暖汤濯我足，剪纸招我魂"。可见，当时人们相信用纸或树叶制成的影偶具有驱邪招魂的作用。

在这种信仰的影响下，影偶渐渐发展成了戏剧，就是我们现在见到的皮影戏。树叶和纸做成的影偶不易保存，后来就用更坚韧耐磨的皮革来替代。在皮料使用上，南北方稍有差异。北方用驴皮，南方多用牛皮。

中国三大皮影系统中，陆丰皮影戏是南路"潮州影"中仅存的一支。像上面提到的，用来"招魂"的影偶比较特殊，有众多的禁忌，与一般用来玩赏的偶人有着本质区别。

陆丰影戏仍遗留了几分祭祀感。戏团每到一个新地方演出，必须进行"洗叉"仪式。不知道大家有没有见过道士作法，简直如出一辙。准备好五色纸、五谷米、香和纸符等，洒米，贴符，再把鸡血洒在符上，最后把符烧掉。

从此处也可以看出，陆丰皮影戏与宗教的联系紧密。

潮州人把皮影叫"皮猴"，但把"影"称作"猴"不是潮州所独有的。《中国民间皮影艺术》记载，"过去在甘肃，称皮影艺人是'戳皮猴子的'"；蒲松龄在《日用俗字》中以"撮猴挑影唱淫戏，傀儡场挤热腾熏"来嘲讽和尚；河北邯郸一带，当地人也称皮影戏为"皮猴戏"。那这称呼又是从哪里来的呢？

影戏与佛教有缘，早期的皮影戏在寺庙演出，唱腔也与和尚念经相似。而在"洗叉"仪式中，专门负责驱邪的"红面武装猴"，恰好也可以在佛经中找到原型。

事实上，过去的影戏演师在某种程度上，职能与"巫师"类似。

陆丰老艺人蔡娘仔通晓阴阳五行之术，台湾"合兴皮影戏团"已故演师张天宝，不仅身兼理发师、地理师，更是"乩童"（有神明附身的感应）。"东华皮影戏团"先祖张荫，精通草药艺术、知晓风水。曾任"复兴阁皮影戏团"团长的张命首，不仅是有名的拳头师，还是总铺头（宴席总厨师）。

皮影演师在民俗技能方面的擅长共性，不是一种偶然。在旧时社会阶层的划分中，皮影与卜卦、算命、僧人、道士同列为"中九流"，与皮影关联的唱戏、优人及乐师则被列为"下九流"。

皮影戏为尊，人戏居其下。在陆丰地区的老规矩是：皮影戏尚未开动之前，其他剧种不能率先开演。

皮影戏凭借什么享有"戏祖"的高地位呢？因为"皮影人是假的，戏是真的；演员是真的，戏是假的"。在内容上，保留真人真事并流传后世的皮影戏自然价值更大。另外，民间艺人演绎成戏的剧本"老爷册"，是被人们称为"翰林学士"的潮州影的戏神田府老爷编写而成。老百姓崇敬"翰林学士"，艺人们也相应受人尊重。

在过去一段时期内，皮影戏起着教化人的作用。将五常伦理与历史故事结合，再以图像、说唱的方式呈现，更容易被乡民接受认同。潮州影对皮影戏"大戏"的认知即来自影戏严正的教化作用。陆丰地处国尾省角，区域相对封闭保守，这种传统观念也因此保留至今。

到今天，皮影艺人们仍然身兼多个工种。但与过去已不能同日而语。皮影戏式微，过去一年四季都要演戏，现在演出减少，作为主业无法生存，民间艺人们不得不外出工作，等有演出时再聚在一起，表演皮影戏。

幕布后的光影岁月就是他们坚持的佐证。有人用诗活灵活现地描绘了他们在纸幕后的风采："一口道尽千古事，双手挥舞百万兵，三尺生绡做戏台，全凭十指逗诙谐。"

早期演出多为五人，观众左手边是武场演奏，右手边是文场。艺人可以一边敲锣打鼓，一边唱曲打板，兼吹唢呐，十项全能。

还有一种"独角戏"的表演形态，一人拿影演唱，一人操纵文武场。幕后的艺人盘腿而坐，方便手脚并用。"脚敲锣，手打鼓，口唱曲，头还要撞钦锣"就是独角戏艺人真实的忙碌场景了。

皮影戏的音乐唱腔具有地域性，吸收了当地戏曲、民歌的精华，因而流派众多。陆丰皮影受潮汕戏曲影响，"正字母生白字仔"。其中，武戏剧目大多来自正字戏，文戏剧目多来自白字戏。

在陆丰，皮影戏要算作"公戏"，由村民一起请。

还有一种"禁规戏"，由违反规约的村民出钱请戏。既能让受罚人曝光，对其进行心理施压，又可以对公众起到积极的宣导作用。当然，在开演前，艺人会向群众宣教条规。

谈到皮影戏的未来，有艺人表示："皮影戏受淘汰是必然的，观众连电视电影都不太乐意看了，更不看皮影。"

但也有人不这么认为——也许事情还没有到这样悲观的地步，时尚是个圈，说不定过不了两年，人们就又爱上看皮影戏。影视剧虽然布景美，特技酷炫，看多了，也会逼得人去靠近真实。

近两年皮影戏用起了扩音器和录音，观众对后者有抵触态度。毕竟，看皮影戏，享受的就是这份真实，看一纸之隔的艺人，操纵皮影，听近在咫尺的艺人，亲声演唱。

20 世纪七八十年代，陆丰皮影戏团吸收了一批高素质的人员，对剧目、唱腔、表演以及舞美进行了全面改革。这次改革也让皮影艺术跨上了多个新台阶。在北京演出获奖的《龟兔赛跑》和《鸡与蛇》现已成经典节目。经著名动画专家虞哲光与林垄指导的《飞天》相当惊艳——敦煌壁画上的飞天舞女活了。

　　到今天，有更多的新鲜元素被添加到皮影戏中，让其更具现代感。抖音联合中国民协皮影艺术协会等组织发起了"皮一下很开心"话题。在该话题下，网友们纷纷大开脑洞，让传统文化流行起来。

　　还有皮影与影视、西方文化等不同元素的结合。传统文化用现代化的方式表达，时空错位往往给人一种难以言状的奇妙感。也是通过这样的方式，皮影作为一项非遗，得以被更多人了解与喜爱。最关键的是，在这些华丽的表达下，内里的质朴能够永远不丢。

佛山南海藤编：
藤编错能重编，人生不能重来

　　用植物叶子或根茎编织出的物品，在人们的日常生活中并不罕见，通常是因地制宜，当地生长什么就用什么编织。

　　以前编织东西的人多，田野里也生长着的大片大片半人高的绿油油的茅草。人们割一些回家，放到太阳下晒到水分全蒸发，等叶子变干黄之后，一小捆一小捆地从上往下织，最后能得到一张凉席。

　　茅草生长在夏天，叶子细长锋利又粗厚，等摘回去做成凉席，盛夏也就到了，没有什么人工材质能比这天然的草本植物更适合炎热的夏天了。

　　现在很少有人再用茅草编凉席了，连带着茅草也很少见。

　　用草做凉席是在中国的偏北部地区常出现的画面，在中国的南方也有人在做着相似的事。

　　佛山人用藤类编织桌、凳、椅、筐等生活用品，这些编织品有一个共同名字——南海藤编。一开始都是自己编做家用，慢慢有人手艺精湛脱颖而出，买卖藤编的生意就产生了。

广东旅博会上展示的南海藤编

　　从历史上看，南海藤编可追溯到一千多年前，在唐朝，有被广州、南海郡当作贡品的记载，但真正兴盛起来是在清朝。

　　兴盛起来的缘由说偶然，其实也必然。外界冲击过来的浪潮夹带着赚钱的灵感。

鸦片战争后，广东的港口停靠着从各国驶来的商船，其中荷兰商船习惯用印尼藤条编成的箩筐安置货物，货卸完后，这些箩筐被遗弃在港口附近。

据说最先发现这些箩筐不要钱且可用作生活用品的人，是在广州十三行打工的一名叫周月庭的南海人。他把箩筐带回到村子里去，村民也纷纷效仿，并用藤条编成另外一些生活用具拿到市场卖。再之后附近的村民都学会了织藤。

在南海藤编最辉煌的时期，家家户户以制作藤编品为生，这项手艺养活了南海几十万人。

现佛山南海藤编的传承人梁灿尧就出生在那个最辉煌的年代，在他最初开始观察世界的时候，看到最多的是大人编藤的身影和他们手中穿梭交错的藤条。

他五岁时跟随着家中长辈学习编织藤艺，如果完成得又快又好，就能够得到大人们的奖励。这是他小时候为数不多的娱乐活动，或许就是这个时候，藤编像一颗种子被投放进了他的心中。

《爸爸去哪儿》里黄磊的教育观是，让孩子小时候接触更多东西，不是为了让她将来从事这些，是为了在她心中播撒下一些种子，不知道哪天哪一个就会发芽。

一直到 20 世纪 90 年代的几十年间，梁灿尧的工作都是无波无澜地过着，藤编成了他糊口的手艺，手上的工夫也在日益精进着。

20世纪90年代是个重要转折点，藤编的生意一落千丈，劣质粗糙的产品涌入，破坏正常的市场秩序，"连农民都看不上这些藤编制品"。

最艰苦的时候，身边的同行纷纷退出了，梁灿尧舍不得放弃。这份情感我们没办法感同身受，但应该和小王子对玫瑰类似——因为付出的心血和岁月，让它成为全宇宙最独一无二的那支玫瑰。

相信这么美好的东西不应该这样没落下去，所以他选择坚持。三次创业，先是卖掉房屋，筹钱开店，他逆着后退的人流前行，在不支持的声音下闷头干。

闷头干不代表梁灿尧没有观察市场需求，他发现，低档藤编市场已经饱和，而高档还处于空白状态，买东西的人并不缺钱，只是藤编制品质地一般，没有吸引到他们而已。

在对产品的创新之外，他开创品牌"藤王府"，专门进行"藤＋木"的藤编家具生产。

现在"藤王府"已经成为佛山著名的品牌，但在最初打品牌的时候，梁灿尧只能不断到各地参展，他都觉得自己荒唐，花到钱包空空，还要继续借钱参展。

就这样，他与藤编又多了一层同患难的牵连。

慢慢就会好起来的，这不是一句麻痹人的"鸡汤"。撑过了严冬，万物生长的春天就来了。

开创品牌的后一年，2006 年，"藤王府"拿到佛山市藤器行业首个金奖得主；2007 年，推出"西洋大使"系列简欧风格作品，品牌在市场的占有率大大提升。

光彩成绩的背后是梁灿尧的满腔热情。有一类人，只要能把脑中的奇思妙想，通过他最擅长的方式呈现出来，在完成的那一刻就已觉得幸福无比。还有一类人，满足感来得迟一些，完成后又被大众肯定，此时才觉功德圆满。

梁灿尧是前者，他看着摆放的作品，说不出最喜欢的是哪一件，每件都喜欢，因为不喜欢的会拆掉重做，直到满意为止。

客人到店里看藤家具，往往会惊叹于价钱的高昂，梁灿尧非常不理解，他觉得比起外面几万元十几万元的皮沙发，他这些纯手工天然的家具产品价钱要低多了。

"藤王府"的产品都像是梁灿尧的亲孩子，为了把控"藤王府"出品的高品质，他一人包揽了所有产品的设计工作，一门心思都在产品上。在别处看到可以用来借鉴的新元素时，他会马上尝试着加入产品的设计中。

吸收新元素是藤制品创新的体现，在产品实用性的基础上添加艺术的欣赏性，如把藤椅的椅背做成跃水而出的鱼身，在一众中规中矩的藤椅中要吸睛得多。

近几年中，他尝试将藤与不同材质结合起来，以碰撞出别样的火花。之前的藤与木是其一，藤加佛山出名的陶制品"陶湾公仔"是其二，陶易碎，在其上加一些藤制装饰，既美观又起保护作用。

脱离藤家具，用藤条制作出一些纯粹的美术工艺品，这是南海藤编走出的一条更为广阔的道路。此刻，它与文字、图画没有了分别，天地万物都可为它所用。

在梁灿尧的办公桌边上，有一个金橘盆栽，初时猜测这是藤制品，但太精致又不敢确认。后来又翻到一张金橘盆栽的近照，由纹理才看清楚这是藤制品。

印象较深的还有藤做的小鸟，鸟爪部分做得以假乱真；长颈鹿身姿挺拔，憨态可掬；农家小院的半壁围墙砖块堆砌感强。作品整体而言做工极为细致，纹理性强的特点导致一点错误都会被彰显出来。

但即使是手法错误，也能拆掉重来，不能重来的是人生。

2011 年，梁灿尧入选藤编项目代表传承人，得到这份荣誉，不是因为他是天选之子，而是一次次艰难选择后的结果。如果当初他放弃这份热爱，就很难走到今天这一步。

如今快六十岁的梁灿尧，每日仍奔波在传习所和工厂之间，虽然劳累，但看起来要比同龄人年轻很多。可能心里的火不熄灭，人就不会有老态。

传习所是梁灿尧自费筹建的，目的是通过举办藤编博物馆或进入校园教学的方式来传扬南海藤编。儿时藤编在他心中播撒下的种子，如今已经开花结果，他又把这些种子播撒到孩子们的心中，以期待未来的生根发芽。

我不知道故事的主人公是否有"振兴南海藤艺，弘扬传统产业"这样的初心，总觉得这样的说法有着飘在云端的不真切感。更倾向于相信的是，人对物产生了感情，小时候带来的童趣，青年时不断精进的探索，中年时下赌注般的荣辱与共，晚年互相成就的荣誉满足，这是比那份"初心"更早出现的东西。

心理学中有一个名词叫心流，指人在专注进行某行为时所表现的心理状态，当沉浸在心流中时，会感受到高度的兴奋及充实感。那些能在某一领域做到极致的人，想必时时处在心流之中。做自己热爱的事，过程不会变得容易，只是能一路载歌载舞地走过去。

无数像梁灿尧这样的人都自嘲是个傻瓜，可他们最后都收获了自己想要的那一份成功。一生只做一件事听起来无趣，但选择太多未必是好事。美国一项研究数据表明，在客观因素相同的情况下，选择越少的人反而人生成就更高。这在非遗领域也算是一种常态了。

佛山"石湾公仔"：
立体的岭南风情画

物质有价，文化无价。原本是一堆泥土的陶器在陶艺人的妙手匠心中生出灵气，价值可达上百万元。收藏家看重它名家手笔，造型美观，意蕴深长；艺术学家看重它融贯中西美学，气质高雅，打动人心；历史学者则看重它取材于生活，一人一物都被打上时代的烙印。

《明诗综》中有"石湾瓦，甲天下"的说法，据"河宕贝丘遗址"的考古证明，在石湾，五千多年前当地居民就开始制陶。现佛山的陶瓷产量可达全国总量的60%，并且远销世界80多个国家。

陶器不是某一地区人民的发明，它为人类所共有。在一万多年以前，陶器就已经出现在中国。石湾窑是南中国窑的代表，因其地理位置毗邻佛山，水路交通较为方便，因而成为广东陶瓷生产的中心。

石湾在唐、宋时期是对外交通枢纽，主要陶瓷产品有青瓷、白瓷和青白瓷。到了明代，石湾开始烧制施釉陶器，并且对名窑产品进行仿中有创的生产，也正是在那个时代，佛山成为全国四大镇（景德、佛山、朱仙、汉口）之一。

鸦片战争失败后，港口被迫对外开放，洋货进入给石湾陶瓷带来灾难性打击，从事陶业者迅速减少。抗日战争时期，陶瓷厂更是全部关闭。直至新中国成立，陶瓷艺人才逐渐开始重新烧制作品，而改革开放的春风则使石湾陶瓷发展更加迅速。

在石湾陶器二十四行中，公仔行也榜上有名被称为古玩行，"石湾公仔"日渐兴盛。

"石湾公仔"有三绝。一是瓦脊公仔，作为屋脊上面及其两头的装饰构件，现多演变为桌面人物公仔。二是动物碌胎毛技法，即用细小的钟表发条在素胎或施过釉的陶器表面勾勒出动物细致的羽毛。三是微塑公仔，又称山公盆景，也是石湾特有的一门艺术。山公盆景是在盆景中加上山公亭宇，因此其中的人物、飞禽走兽、亭台楼阁都是微型的，微塑的山公虽小，但可从小见大。就山公人物来说，言行举止与五官神情十分逼真，一个火柴盒里可以装下 150 个以上山公人物，且千人千面各不相同。

石湾艺术陶品是从日用品和建筑陶器的基础上形成的，它诞生在民间，成长在民间，表现出原汁原味的岭南风情。陶塑作品灵感多来源于生活，陶塑匠师都是从人民中来，他们熟悉自己塑造的对象，又拥有娴熟的技艺，灵活运用贴塑、捏塑、捺塑和刀塑的技法，一个个栩栩如生的人物就被铸造出来。选取的人物也大多是亲切朴实的，有街头木匠，有拍蚊子挠痒痒的，一派街头景象，各类观音罗汉也笑态可掬仿佛隔壁邻居。

"石湾公仔"题材造型丰富，多取自历史小说、神话传说、民间故事、舞台形象等。粤剧在造型上对陶塑曾产生深刻的影响，传统陶艺家多取材于此。到了新时代，取材就更为丰富大胆，在创作态度上追求更多的自我情绪表达。

目心艺社的创始人赵淋在刚毕业时做出来的一系列公仔都充斥着圆、肥、浮云等物象。他解释说，因为当时正处焦虑迷茫期，本该沉在水底，却像易受惊吓的河豚一样浮在水面上。"笔墨当随时代"是他对自己作品创作的总结，正所谓情随境转，物随情变。

陶和瓷都是火和土煅烧之后的艺术品，不同点之一是，瓷器的胎料是瓷土，陶器的胎料则是普通的黏土，但其成分基本相同，所以，在石湾人物陶塑中也搭配着使用瓷泥。

"石湾公仔"原料取材于当地，日久天长，当地陶泥和岗沙逐渐衰竭，且自然环境遭到破坏。现在石湾陶艺所用陶土是将本地沙与东莞灰白土混合而成。知名陶艺家陈渭岩曾用景德镇的瓷土和釉彩烧制了一批人物瓷塑，效果远比用陶土差，作品失去了活灵活现感。这也引发我们对陶湾公仔在地性的深度思考。

石湾人物陶塑之美重在神韵，神情、姿态富有生活性，看上去栩栩如生。业内方家林明体曾称它具有"以形传神的意蕴美、寓巧于拙的艺术美、百姿千态的生活美、浑厚凝重的科学美"，是"立体的岭南风情画"。

传统的"石湾公仔"人物形象，千人千面，个个传神。这与艺人们在真实生活中进行观察，将萃取的元素与传统文化融会贯通有关，还与艺术工作者坚持现实主义和浪漫主义相结合的形象思维创作法有关，坚持认为能够打动人的才是好作品。

釉给陶器增添了色彩，也增强了艺术感染力。石湾窑千年来使用生火残留的稻草灰、桑枝灰和松柴灰，作为釉基，着色剂以河道里的淤泥为主。石湾窑变釉是石湾釉彩的一大特色，在高温的窑内，器物表面的釉色发生化学反应而呈现奇幻的色彩。在凝结之后，又出现令人意想不到的色彩变化，这种奇妙变化可以用"入窑一色，出窑万彩"来形容。

在新中国成立之前，"石湾公仔"一直作为平民艺术品，大多数销往海外，它浓厚的乡土生活气息吸引了国外的收藏家。19 世纪时外国博物馆就开始收藏一些名家作品。

千百年的沉淀使"石湾公仔"形成了稳定且独具特色的艺术风格，它内涵的历史价值、科学价值和艺术价值让它在中国陶瓷艺术史上有着不可替代的地位。2006 年，"石湾公仔"技艺等六个项目入选第一批国家非物质文化遗产名录。

在佛山个性化城市形象的塑造和提升过程中，传统陶文化发挥了巨大的作用。2006 年为亚洲艺术节开幕式完成的纪念性雕塑《亚洲艺术之门》是中国最大的城市陶塑，整个烧制过程中耗费的人力物力，创下了南风古灶烧制史上的新纪录。

南风古灶被载入吉尼斯世界纪录，以其为中心，以陶瓷文化为主题的旅游区已达 400 亩，为打造"南国陶瓷"的城市文化品牌做出了突出贡献。

在传承人的问题上，"石湾公仔"要相对乐观很多。自其诞生到现在，涌现的优秀人才一波接一波。石湾陶艺在一步步的发展中逐渐脱离实用性，向艺术靠近，成为表现艺术的一种载体，这可能是它没有被时代丢弃的原因之一。

给人以美的享受是"石湾公仔"的价值之一，但让它成为国家级非遗的决定性因素是，它像百科全书一样把每个时代人们的生活习惯、风俗信仰、社会百态记录下来。

石湾陶塑最早出现在新石器晚期，人们为生存做出各种尝试，在烧泥土时发生了奇迹，一种艺术萌芽随之产生。

陶塑最先是作为日常用的碗碟使用。在奴隶社会和封建社会，除作为日用品外，还增添了观赏和陪葬两个功能。后来，陶塑开始出现在建筑、艺术、卫生等领域。

作为一种表达艺术和表现手法，陶塑也具有媒体表达的性质，并被创作者用来表达对社会和历史的批判。比如在清朝末年，石湾陶艺家陈渭岩创作出了"巴夏礼夜壶"，以英国侵略军头目巴夏礼为原型，有力地表达出了对侵略者的藐视与强烈的爱国情怀。

创意传承，历久弥新。"石湾公仔"的传承与发展离不开吸收外界多元化的元素，它与美术、音乐与舞蹈一样，都是表达创作者态度和个性的一种方式。而且历来由民窑生产，不受官窑条条框框的规矩约束，创作者可以尽情地将新元素扩充到它的体系中去。就像陶艺家刘泽棉说的，"艺术没有独门秘方，传承就是不断丰富"。关于这一点，石湾公仔做得相对是不错的，这也是石湾公仔获得今天的创意和发展的原因所在。

南派醒狮：
一个人的武林

城市里有着许多具有多重身份的人，他们白天生活在现实世界，当城市开始沉睡时，他们也开始进入自己的精神世界。

结束一天的工作之后，黄忠坚如往常一样来到佛山鸿胜馆练拳。在录制纪录片《一百年很长吗》的时候，黄忠坚 26 岁，离他从老家肇庆到佛山打工已有十年。

其貌不扬，学历不高，他是万千打工仔中最不起眼的那一个。他像周星驰电影中带悲剧色彩的喜剧草根人物，也像无能为力挣扎的每个你我他。

《一百年很长吗》录制组陪着黄忠坚一起走了他人生中最难走的那一段路，但也只是作为一个旁观者。生活中每一个阴暗时刻，仍然需要自己努力度过。

或许每个练武的人都幻想过自己天赋异禀，离打败天下无敌手只差一本武功秘籍的距离。黄忠坚也有着这样的幻想，但他是一个悟性差的武痴，他一打拳就惹得师父直挠头。

他的师父是南拳之一蔡李佛拳的五传弟子夏汉广。从前，蔡李佛拳是苦力拳，是做苦力的工人们用来强身健体和保护自己的一种武术。佛山鸿胜馆自清咸丰元年就已存在，现在的名字是鸿盛跌打馆，夏师傅正职做推拿，到了夜晚，他是率领众多后生练拳的武师。

梦想有时遥不可及，但有总比没有强。黄忠坚的梦想是有一日回到村里当村主任，在祠堂教村里孩子打拳舞狮。

要舞南狮，先习南拳。狮要舞得好，首先要懂得武术，因为南狮的步型、步法、舞法和姿态都和南拳相似。在醒狮活动发展迅速的乡镇地区，几乎村村有武术班，各村祠堂外的广场是习武的主要场所。黄忠坚想在村子里开武馆的原因之一，也是因为别的村都有武馆，就他们村没有，他怕村里小孩被别村欺负。

南国舞狮文化的特点也在于此，将习武与舞狮相结合。

与南狮相对的是北狮，两者共同组成了中国舞狮的两大流派。北狮盛行于长江以北地区，狮子造型朴拙狰狞，舞蹈动作粗犷豪迈,追求"形似"。南狮盛行于珠江流域一带,狮子造型注重"神似"。醒狮除了有与北派一样的舞狮外,还有文狮。且狮头比北方轻巧得多,北狮狮头最轻也有30公斤,南狮最重也就十几公斤。

北狮中没有采青程序,但在南狮表演中,采青是重头戏,舞狮的技巧在这个过程中被展现得淋漓尽致。

"采青"中的"青"指彩物,即狮子需要捕获的实物,通常是用几颗带有菜头的生菜,扎上红包代替。在采青表演中,狮子要表现出历经了千难万险之后才采到青。

"青"有板凳青、桥底青、盘青、水青、高青、蟹青等。最刺激的舞狮形式是蛇青,狮子与真眼镜蛇相斗,在过程中要尽量激起蛇的斗意,蛇退狮进,狮退蛇蹿,十几个回合之后狮子张嘴把蛇吃掉,其实是舞狮人从狮嘴那里把蛇放进了备好的口袋中。遗憾的是现在看不到这样的真蛇表演了,因为蛇被列为保护动物。

在广东,民俗文化中少不了舞狮,黄忠坚计划在自己的婚礼上舞狮,他要在他人生最幸福隆重的时刻做最快乐的事。

在摄制组跟拍记录的时间里,黄忠坚完成了娶妻生子这一人生大事。他从事装修行业,自称包工头,其实固定成员只有他一个人。老家在山里,全家人都靠他照顾,当大着肚子的女友雪菲提及结婚彩礼的时候,他回避中带着几分无可奈何,不欢而散后,他拿起脸盆当狮头在一旁无声又忘情地舞起来。

雪菲家里要二十万元的彩礼，打个折也要十万，他是拿不出来的。可想而知，雪菲家人不同意这门婚事，打电话不接，他只能到雪菲家当面求他们同意，再三诚恳求情下，勉强得到了同意的回复。

在婚前采购中，他把狮头加入了采购清单。在距离鸿盛跌打馆不到一百米的距离，就有一家由佛山省级传承人黎婉珍开的黎家狮头馆。黎婉珍和鸿胜馆的夏师傅是朋友，恰好黎婉珍也是黎家狮头的第五代传人，武馆需要购买狮头，黎婉珍做狮头累了就到跌打馆做推拿，这层关系像是一种互相需要的生态闭环。在叶问曾居住的这个老街区中，藏着一个尚未逝去的江湖。

借着这层关系，可以打折，黄忠坚来到黎家狮头馆选购狮头，他询问刘关张狮头的情况。正好此时，黎婉珍的女儿在画黑狮"张飞狮"。黎家的刘关张狮头是出了名的，当年徐克在拍电影黄飞鸿《狮王争霸》时，就指明要用黎家狮，电影中使用的传统刘关张狮，就是黎婉珍和她哥哥带着工人们一起做出来的。

黎婉珍手中拿着一个尚未扎好的狮头跟黄忠坚说，一个狮头有 1300 多个扎点，即使成年人坐上去也不会压坏。

采购、拍结婚照、领证这些流程结束后，黄忠坚陪妻子去做产前检查。结果显示胎儿有先天性心脏病，轻度但有一定风险，医生给出的建议是，让他们回去想想是否还要这个孩子。

一向乐天的黄忠坚脸上没有了诙谐与轻松，取而代之的是眉毛处皱成一团的焦灼，他试图在网上找到能让他做出决定的激励。不敢做决定，无非没有勇气对决定产生的后果负责。

在传统文化中，狮代表着尊贵与威严，在民间它是祥瑞的象征。当手执狮头舞动时，狮带给人的是满腔的无畏与勇敢。黄忠坚在楼下一遍遍打着在武馆里学到的招式，等到大汗淋漓时，他心中也已经有了答案。

孩子平安诞生了，婴儿因为心脏的缘故又做了一场手术，手术很成功，观众们一直悬着的心终于可以放下。

黄忠坚回到村里，兴致勃勃地带着村里的小孩一起在祠堂里打拳舞狮，祠堂里的狮头用了多年已经破旧。有孩子对狮头感兴趣也无法舞动，对小孩子来说，狮头太重了。他就又拿起鼓槌教他们敲狮鼓。

鼓锣声是衬托醒狮的绿叶，好的鼓锣队能敲出万马奔腾的磅礴气势，令观众为之一振，醒狮也舞动得更有力量感。广州工人醒狮协会会长赵继宏认为，舞狮舞得好，很重要的就在于鼓、锣、钹的配合，其中最重要的是鼓，没有鼓声，表演便毫无气氛和意义。

鼓手在狮队中相当于掌控全局的指挥家，好的舞狮人也一定是个好鼓手。赵继宏只靠鼓声就可指挥狮队。

虽然片子用大部分的篇幅展示黄忠坚的个人生活，但贯穿始终的是练拳舞狮。不论是痛苦、迷茫，还是喜悦、满足，他都到武馆打两下拳舞两下狮头，或宣泄或自乐。不知不觉中，舞狮精神已经融入他身体，成为他品性的一部分。

醒狮传承的不只是术，更多的是狮子在采青过程中表现出的不畏惧不放弃的道，任路途再艰险，吾一往无前。

对于黄忠坚来说，练拳舞狮是他精神上的避难所，是让他得以抽离出来喘口气的安全区。

在现实中，他处处受缚寸步难移，可一旦舞起狮头，就像换了一个人。在另外一种身份里容光焕发，像是无所不能的高手。那是他一个人的武林。

广州说书：
从历史中走来，满身风尘

在以前，但凡茶馆必定有搭台子说书说相声的，茶馆老板给这些艺人们支付薪水，艺人每日在台上说那么一段以招揽茶客。当然，艺人除了获得来自茶馆老板的报酬之外，偶尔还能收到来自看官的额外小费。

这种在茶馆驻说的卖艺方式是安稳的，还有不少是跑江湖卖艺的。

对于说书人，人们习惯称呼他们为"江湖说书人"。肚子里装着个三两本书，这处讲烦了换处再讲。走南闯北，到人稠密处，桌子一摆，椅子一坐，一手执折扇，一手拍醒目，吆喝一声："前文讲到……"这场子就算是撑起来了。

说书到了广东，被当地人称为"讲古"，其特点是用粤语方言对小说或民间故事进行再创作和表演。广州说书主要流行在珠江三角洲地带，浓烈的地域特点让它深受当地民众喜爱，同时也把它圈限在此区域内。

2006年，广东电视台和广州电视台分别邀请最后一位说书人颜志图担任"寻根问底"和"羊城度度有段古"节目嘉宾主持，颜志图凭借节目在广东粤语地区的高收视率，获选成为2008年奥运火炬手。但一旦离开这一地区，便少有人知。

说书艺人在广州被称为"讲古佬"，这个称呼一直沿用到现在，最开始在一定程度上有着对说书艺人的轻蔑，现在则平添几分亲切。

在街头卖艺的人被称为"开街档"，他们看天吃饭，收入与天气好坏成正比，刮风一半，下雨全无。开街档的难度就在于如何把看客吸引过来并且留住。

其实说书看似光凭一张嘴，但背后却有着综合的能力支撑，也不是件容易的事。艺人挟技走江湖，不论是在"茶档"还是"街档"，都是空旷且嘈杂的环境。在过去没有扩音器的年代，更是考验艺人的基本功，用丹田发声，声音才传得远。且要有抑扬顿挫、跌宕起伏，才能婉转动人，引人入胜。

说话谁都会说，讲故事也不太难，但能把故事讲得人人叫好是个技术活。

相声演员郭德纲也直言说书最难，说相声好蒙好骗，没把观众说乐可以推说作品有深度。说书不行，一个人端坐在那里，一句接一句地说，不小心说错了或说漏了，就得靠临场发挥圆回来，艺人如果来一句"不好意思刚刚说错了，咱们重来"，那就是砸自己场子了。

有多少功底都得"真刀实枪"地摆出来，真的是口若悬河，凭一张嘴把虚虚实实的故事场景构造出来，所以说，玩意是假的，能耐是真的。

如果说"包袱"是相声的命根子，那悬念就是说书的命根子。讲个开头，看客就知道结尾，这种情况就很失败。要布置好悬念，在山重水复疑无路之时，还能柳暗花明又一村，永远让听众们猜不到接下来的故事情节，营造出一个"你猜怎么着？猜不到吧，那就请听我来细说"的互动氛围。

说长篇的书，悬念就更重要了，它决定了下次来捧场的人数。所以每场在将结束时都要留下一个悬念，有时艺人宁可多说会儿也要说到悬念处才结束，再狡黠地说一句"欲知后事如何，请听下回分说！"

说书人还要做到"目中无人，心中有人"，观众的数量和反应多少会影响艺人的状态，但艺人不能因人少而懈怠，更不能把生活中的情绪带上讲书台。

说书与相声还有一点不同就是，说相声是与观众互动，艺人和观众处在同一地位，说书则是高观众一等，所以也称说书人为说书先生。但有的艺人自恃于此，上台慢悠悠摆谱子，就是对观众的不尊重了，正所谓艺人要有艺德。

听书的人是听众也是看众。说书有做戏的一部分，却比做戏难得多。做戏有生、旦、净、末、丑，各有专长，说书则是集众所长于一身，冶万事万物于一炉。不仅要口技，还要有演技。

说书的语言分为"表"和"白"。"表"是指用艺人身份所讲的语言，"白"就是指书中的人物所说的语言。艺人要在"表"和"白"之间灵活切换，一个故事里通常有好几个角色转换。当艺人进入角色，为给观众更好的观感，语言神态就要尽量贴近所要模仿的角色，如果是少女则声音清脆，姿态轻盈，老人则声音沉稳，神态凝重。当然这只是固定认知，具体角色在细节处会有不同表现，一个眼神一个动作都代表说书人对故事情节的理解和表达。

说书十分重视眼神，"一身之戏在于脸，一脸之戏在于眼"，模仿的姿态再像，眼神中没内容，就缺了灵气。艺人要通过眼神表达出，书中场景好像就在眼前出现。

和相声演员一样，说书人上台也多是一身长袍，头发理得干净清爽，手中执一折扇，长身玉立，也算得上是风度翩翩。作为一种上台在众人面前表演的艺术，它要求艺人在台上从容自信，姿态端正，如玉树临风。

所谓满身风尘说书人，不仅仅是指他们漂泊无定居，总是风尘仆仆，走南闯北，见人见事多了以后刻在眉眼处的世故，还指时代动荡时掉落在他们肩头的厚重的灰尘。

据老艺人回忆，说书是在明朝末年时传入广东的，当年泰州说书大师柳敬亭随抗清名将左良玉将军南来时，洒下了说书艺术的种子。此后，广州开始出现职业说书人。

民国时期，讲古艺人多在广州的泰山庙、烂马路等地开街档。新中国成立后，广州各区工会都成立了俱乐部、文化宫，纷纷聘请说书艺人长期到场表演，产生了以陈干臣、何觉非为代表的说书流派，说书水平高的艺人还被聘请到电台担任讲古节目主播。之后在1950年，广州市文化局把广州的流散说书人组织起来成立了广州市说书学会。至此，讲书艺人不仅有了麦克风，还有了电台这一空中说书场。

到了"文化大革命"时期，说书因被斥为"专讲帝王将相"，因而被打压。接着，说书学会解散，每人发300块钱作为解散费，并禁止他们再说书。而说书艺人此时大多都已五六十岁，身上除说书一技外，别无所长。

擅讲儿童故事和革命故事的胡千里在被遣散后，帮别人带孩子赚些米饭钱。无聊之时，对着还听不懂故事的孩子过过嘴瘾，讲几句古话。

在广东省人民电台讲故事的侯佩玉，只能回到家乡做"搓炮仗"的散工，以往录音资料全部被销毁，他于1975年郁郁患病死去。

以声音洪亮著称的艺人廖华轩则回到街道以织铁丝笼为生。艺人潘耀庭，学做火力补胶鞋，沿街叫喊招客。

艺人关超辉临死前还拍着床板叫了三声："究竟我们这些说书艺人犯了什么错？"

以上种种，不胜枚举。说书艺人带着满身风尘走过这趟时代的旅程。

颜志图被称为广州的最后一位说书艺人。其实，这位"最后的说书人"还有一位徒弟叫彭嘉志。如今，彭嘉志已经成为市级非遗传承人，有人称他为"广州最年轻讲古佬"，他笑着说，还有比他更年轻的。彭嘉志收了众多徒弟，其中最小的还在上小学。

彭嘉志明白，人们不愿意学习说书的原因，是怕将来难以维持生计，但他对此表示乐观。他认为，只要好好学，一定能有个好出路。他还为徒弟们重新排了辈分，希望在未来能够组建一个像"德云社"一样的社团。

不过，说书这门艺术易学难精，师父领进门，修行全在个人。一本书这个人能说，那个人也能说，为什么这个人就比那个人说得好，不是玄学是科学，里面功夫深了去了。"凡操千曲而后晓声，观千剑而后识器"。等待彭嘉志和他的弟子们的，将是一段很长的路。

潮汕工夫茶：
冲茶看家风

　　"空持百千偈，不如吃茶去"是佛家的一句妙语。传说在一千多年前，有两个僧人慕名而来向赵州禅师请教什么是禅，大师一向言简意赅且高深莫测。赵州禅师就问其中一人是否来过此地，那人答没有来过，赵州禅师："吃茶去！"另一僧人说他来过，赵州禅师依旧是一句："吃茶去！"身边监院不解，问禅师为什么不论来过还是没有来过都让吃茶去，赵州禅师不答，反而让他也吃茶去。

　　"吃茶去"三个字有着直指人心的力量，包罗世间万象，不论什么问题都能在吃茶中得到答案。这也是禅茶文化所倡导的，在吃茶的静谧中，人们向内探寻真正的答案，而不是求助于外界。

要说把喝茶融进生活程度最深的地方，潮汕地区肯定算其一。潮汕人在饭前喝，吃饭时喝，饭后喝，不吃饭时也喝，若是让他们一天喝不上茶，是很难度过的。在国内人均茶叶消费量的排名榜上，潮汕也是一直名列前茅。

说潮汕全民嗜茶，并不夸张。当你走进潮汕平原，穿梭在任意一条大街小巷，不论大家小户，都能听到茶具清脆的声音，闻到茶被热水浸泡时四溢而出的淡香。

但在潮汕人眼中，其他茶类只能算是一种解渴的普通饮料，淡而无味，唯独工夫茶"才够意思"。

很多人可能会把"工夫茶"误解成"功夫茶"。在字词的解释中，"工"本义是规矩，"功"则是指功绩。而工夫，即做事所费的时间和精力，与烹茶、品茶的方法联系在一起，才成为了"工夫茶"。

民居里的简易工夫茶台

工夫茶的茶史源远流长，对于它的得名，有三种说法。一是源于茶叶名，凡是制作精良，费了工夫才做好的岩茶，都可称为工夫茶；二是因茶具精巧、茶艺工夫独到而得名；三是结合前两点，既得名于茶叶，亦得名于茶具和茶艺。

但不论哪一种，都离不开"工夫"两字，体现出工夫茶的特点是要花费充足的闲时闲力，还要有精湛的茶艺。

工夫茶的冲法最独特。"工夫"二字除了以上提及的两点之外，还体现在冲泡工夫上，不然空有好的茶叶、茶具，不善冲，也前功尽弃。

纳茶是冲泡工夫茶的第一步，此处有讲究，不能直接将茶叶倒入罐中，而是先把茶叶倒在一张洁白的纸上，分出粗细，先将最粗的放到罐底和滴嘴处，将细末放中层，再将粗叶放到最上面。目的是使倒出的茶水中无茶渣，壶口不容易被堵住。每一次泡茶，放入的茶叶大约占茶壶容量的七成，多一分则浓，少一分则淡。

第二步候汤，也就是煮水。水，是茶的载体。茶叶冲泡出的色香味取决于水质的好坏，张大复在《梅花草堂笔谈》中说道："茶性必发于水，八分之茶，遇水十分之水，茶亦十分矣；八分之水，试十分之茶，茶只八分耳！"可见水于茶的重要性。

煮水时有三沸，一沸时，茶壶底微微生出小泡，小如蟹眼；二沸时，从壶底升起的水泡如鱼目，升腾不绝；三沸则水面已如腾波鼓浪。有文人将这三沸比作女性，一沸如七八岁孩童，太稚嫩；三沸如二十七八少妇；二沸正好，是最好年华的十七八少女，故"蟹眼已过鱼眼生，飕飕欲作松风鸣"的二沸泡茶最佳。

水沸太久会变"老"，茶放太久口感会欠佳，用小茶杯，一次小小抿一口，在唇齿之间细细品味。

另外就是，茶一泡再泡会有害健康，茶香精挥发完了，茶水中就只剩下单宁酸。单宁酸这种物质少量可以帮助消化蛋白，过量则有损肠胃。用工夫茶的泡法，可以尽得茶之精华而免其危害。

在潮汕的凤凰山，附近的村民世代以采茶为生。凤凰茶区主产凤凰单枞茶，在其下又有十大香型品种。关于这些茶，传说众多。在吴六奇与十里香单枞茶的传说中，提及了茶宴，茶宴中的菜品有一碗橘红色的茶汤、一叠炒的嫩绿的茶叶和一钵亮晶晶的白米饭，米香是香味组合中最好的底色，不遮盖反增益。

吴六奇用罢茶宴，行十里路程后嘴里还有茶的余香，喉头也有茶的余韵，茶也因此得名十里香单枞。

在潮汕地区，因气候温和，雨量充沛，所以一年可以采四到五季茶，即春茶、夏茶、暑茶、秋茶和冬片。在一天之中，采摘的时辰对茶叶品质也有很大的影响，以下午1时到4时之间采的下午青为最佳。

采摘的茶青要分类放置，一株茶树上就有乌叶、白叶、厚叶、薄叶、大叶、小叶之分，之后再经晒青、晾青、做青、杀青、揉捻、烘焙等一道道工序，茶叶就算制作完成了。

茶叶从茶树到茶壶内的这个过程，在茶农眼中，就如同人生，经历过层层的磨砺、沉淀、积累之后，才成就了香茗。

以前在看电视剧时，常常可见其中人物在喝茶时，一手端茶座，一手持茶盖，时不时刮下茶杯。一套动作下来，显得人很是风雅。后来才知道他们是在"刮沫"，因为沸水入茶杯，不免有泡沫和细碎叶梗漂浮在其上。

有关冲泡工夫茶的歌诀中，有两句是"关公巡城，韩信点兵"，形容的就是泡工夫茶的最后一步洒茶技巧。"关公巡城"是在倒茶时杯杯轮流洒匀，每杯先各倒一半，反复几回，均匀头茶的清淡和气味的浓厚。"韩信点兵"则是将壶中剩下的茶水一滴滴均匀撒到每一杯中。

潮汕有句谚语：冲茶看家风。因冲泡和品茶之道有世袭和传承的家风，潮汕的小孩子们很小就跟着长辈们学习，耳濡目染。对于一个潮汕人来说，童年里最快乐的事情之一就是家里来客人时，父亲吆喝一声"起火，冲茶哇"，小孩子便拿着小扇子等待父亲在小火炉中点燃木炭，蹲在炉边扇扇子直到水烧开。

茶礼工夫在茶内。潮汕人好客，以茶待客是当地的风俗。"客来泡茶"里有讲究，有客来就泡茶，人要热情茶要烫。中间如果有新客到，就需换新茶重新泡，并把换茶叶后的第一杯茶给新客喝，主人待客人端起茶杯后，自己才端末尾的那一杯。假如主人长时间未更换新茶叶，那客人就要考虑一下是否该离开了。

众所周知，潮汕人是一个崇商的群体，粤商不论到了何处都能找到同乡组织，其中吃茶功不可没，潮汕工夫茶吸收潮汕文化的精华，又反过来为潮汕人的凝聚力发挥作用。

那么，全国人民都喝茶，为什么潮汕工夫茶特别有名呢？和很多潮汕的风俗习惯相同，潮汕人饮茶的习惯受到中原饮茶文化影响。到明代时，茶已经成为潮汕人生活中不可或缺的内容，渐渐在茶具、茶叶、茶艺上越来越精进，再加上潮商的贸易与历代文人的代言，潮汕工夫茶因而驰名中外。

到现在，潮汕人的吃茶更多是在品茶、赏茶中寻求宁静悠然的心境，享受平实超脱的生活。不论身处何地，身份高低，人们都能在工夫茶中得到慰藉。正所谓"空持百千偈，不如吃茶去"。

广东连平忠信花灯：
客家人的血脉传承

　　灯是人类用来照明的工具，古时最先使用的是火把，后来出现了蜡烛和油灯。在《辞海》释文中，灯特指旧时上元节张挂的灯彩，也就是花灯。

　　从汉时起，就已经有在正月十五元宵节挂花灯的风俗，元宵灯会也是在古代题材的影视作品中常能见到的场景。"月上柳梢头，人约黄昏后"，平日里养在深闺的小姐们在这夜可以在街头巷尾游逛。花街灯如昼，人们赏花灯、猜灯谜，不少爱情故事由此为开端，所以，元宵节也被认为是中国的情人节。

　　从古到今，元宵灯会都是在中原地区最为繁盛。在远离中原的岭南地区，也有元宵挂彩灯的古朴风俗，但生活环境的不同，造就了它与中原地区截然不同的灯文化。

生活在粤北九连山下忠信地区的客家人，在元宵灯会来临之际，不是在街道挂满彩灯，而是将一盏盏花灯挂在祠堂里；不是充满了欲说还休的浪漫气氛，而是在表达对婴儿诞生的喜悦之情。

俗语说，人死如灯灭，人们把灯的燃烧看作生命的消磨，把年老称作风烛残年。那么，点灯就代表了一个新生命的诞生。

在客家人生活的忠信地区，为新生儿点了灯，上了族谱，这个孩子才真正算是家族中的一员。如果要了别人家的孩子，就要在孩子进门前到祠堂点灯，意为"认祖归宗"。15岁以上上过灯的男孩可以开始同大人一起为宗族出力，而小时候没有上过灯的男孩就没资格参加族里的集体活动，因为族里的人不把他当成男丁看。

新生儿的上灯仪式又称为上丁，"丁"在《辞海》中的解释为"人口"。男称丁女称口，又因为在客家人的口音中，灯与丁发音相似，故选择用灯来庆贺新生儿的诞生。在古时延续下来的传统思想中，只有男孩可以担起香火的传承，所以家里只有男婴诞生才能上灯。

上灯的时间一般在元宵前后。据说很久以前，老百姓为了和皇家庆贺元宵的日子错开，所以一般不在元宵当天举行。上灯地点必须是在本姓本族老祖屋、祖祠里的祖公厅举行，一方面是告知列祖列宗家族香火绵延不息，另一方面祈求他们保佑孩子平安长大。

上灯在忠信人心目中占据着相当重要的位置。这种民俗活动在"十年浩劫"中曾遭到禁止,1967年到1977年出生的人因此没能挂成灯,后来上灯风俗逐渐恢复时,各村纷纷又为这些老丁补上灯仪式。

上灯之所以这么不可或缺,背后支撑它的是凝聚的宗族力量。它和春节一样,是对血缘意识的强化,是写进基因里的文化代码。就像中国人每到春节都要回家一样——外国人对我国春运大潮很不理解,他们认为这种自发的集体行为太过疯狂,但也正是从这些外国人的迷茫中,我们得以看清,中华民族悠远深厚的古老文明多令人震撼。

忠信花灯是柱式结构,上方下圆。和大多数花灯一样具有灯盖、灯身和灯裙三部分,其中灯身是花灯的核心部分,灯身上的图案与装饰,大面积地运用了绘画与剪纸两门艺术,色彩华丽,图案精致。有人曾经这样评价忠信花灯的色彩图案:"后人可以轻易复制出这些图案,填上色彩,但才情不可复制。"

在众多有名的花灯中,在灯上挂灯联是很少见的,这也是忠信花灯的与众不同之处。灯联与普通的对联不同,它不是两联上下句为一对,而是6联甚至12联为一对,具体为几联,取决于灯盖是几边形。

花灯灯联与灯谜的发展有一定程度的相似性。传统的灯谜是贴在灯上供人射猜,而贴在花灯上的灯联也与花灯融为一体，灯联的艺术成分比灯谜多。灯联是从古典诗词、对联中演化而来的一种独特的形式，不过，忠信花灯灯联内容通俗易懂，较之中原人的含蓄文艺，他们表达心中感情更为简单直接，如"小孩新年大进步，老人康健寿齐眉"。

花灯灯联和花灯是分开卖的，做灯的人难以猜测买灯人的心意，因此灯联由灯主买好灯后自行张贴。灯联和过年时的春联一样，可以自己写，也可以找人代写，或是到大街上去买。

客家人崇文，也连带着将中原传统文化中喜好书法艺术的传统一并传承了下来。花灯灯联不仅有着文化价值，观赏价值也是其中必不可少的一部分，因此讲究书法的艺术性。

改革开放之后，街上就出现了摆摊卖书法的文人，这些文人不仅字写得漂亮，词句提炼也颇具艺术感。当地人还可以到忠信灯街去赶集，卖花灯的和卖灯联的紧挨着，可以一并选购好全套。现在这条老街已经被拆，但因为人们习惯在老地方买东西，所以忠信灯街并没有完全消失，只是向东移动了几百米，依然顽强地存在着，依然在当地人的生活中具有重要的地位。

上灯活动一般要经历定位、选灯、迎灯、上灯、暖灯、化灯这六个步骤。

定位也就是选位置，正中的位置因其内涵丰富最为抢手。选中之后将灯绳穿过梁柱，两端对折后系到柱子上，再贴上写有新生儿父亲名字的红条以做标记。

选灯则主要是看灯主的个人喜好和经济状况。

迎灯和上灯是整个过程中的重头戏，要吊挂的花灯意义深重，因此村民对此非常重视，一般要敲锣打鼓，龙狮起舞，鞭炮齐鸣相迎。更为隆重的还会请村里多子多福的长辈组成一队迎花灯的队伍。也有人崇尚简单，夫妻二人把灯取回来，放到祖祠，再做一个仪式就完成了。

在上灯前，要上灯的人家会先将一些吉祥物放进花灯里面，像百眼芋头象征百子千孙，柏叶意为长命百岁等。之后安放灯芯油碟或是油灯，现在多放置电灯，最后贴上灯联。

上灯仪式一般从上午开始。上灯仪式中又有三个环节：祭祖、升灯和上族谱。在这几个环节中，灯主们要反反复复地多次祭拜祖先。

在新丁们上了族谱之后，在化灯之前是暖灯。暖灯和暖房有些相似，大家坐下来一起吃饭庆祝，在觥筹交错中增进彼此的感情。在这期间，后厨做饭的清一色全是汉子，因为祠堂的东西不让女人碰。在这样的活动中饭做得众口称赞的厨子，能把名声传到方圆好几里之外，再有这样的活动，十里八村都抢着用他。

化灯可谓声势浩大，仿佛之前的行为都只为了这一刻的爆发。这是很有戏剧性的收场，一个事物到了尾声难免疲软，忠信花灯一反常态，让这场活动在尾声到达高潮，也代表了忠信人的盼望——香火永不衰竭。

化灯即烧灯，在花灯上缠绕鞭炮，一个花灯通常要用上万响的鞭炮，数十盏花灯一起点燃，在祠堂这样狭小的空间内，气势可想而知。拉放灯绳的人要时刻注意燃放状态，避免炸坏屋顶。鞭炮燃罢，浓浓白烟还未散尽时，小孩子就争先恐后地进去抢掉在地上的吉祥物，等孩童散去，相关人员将现场清理干净，一年一度的上灯仪式就此结束。

有学者认为，客家人犹如中华文化的守护神，因为"当前的世界，很多民族渐渐疏远，抛弃了自己固有的文化传统，从而迷失了方向"，但"客家人无论生活在哪里，遇到哪种文化的接触、冲撞和融合，都能坚守传统绵绵不绝"。

新中国成立后，烧香祭祖曾被列为封建迷信而遭受打击，处在这样的大环境里，在深受儒家思想影响的客家人心中，重血缘子嗣的观念仍根深蒂固。

而现在，忠信花灯已经和忠信上灯吊灯习俗紧紧绑在了一起，并且双双被列入非物质文化遗产。不管忠信花灯是否能走出去，只要有客家人，忠信花灯就永远拥有市场。

也正是在写这篇文章的时候，我们似乎有些知道了一些文化为何难以传继。好的文化传承和发展离不开现实中的使用场景甚至是仪式感，那些脱离了真实生活的文化符号，也就失去了存在的土壤。当人们长期浸泡在一种文化氛围之中时，重复与传播这种文化就成了和穿衣吃饭一样平常的事情。这时候，文化和文化符号也就不存在传承的危机，甚至还有很大的创新空间，这也充分体现了人们常说的那句话：真正的美好永远不会来自刻意，文化的传承需要现实生活的土壤。

吴川木偶戏：
虽然黯淡安静，但依然在演奏

到了某些特定节日，北方村庄里惯有的节目之一是搭台子唱大戏。听戏是过去人们获取社会信息、历史知识甚至道德教育最直接的方式——书里的文字看不懂，通过唱词、表演更容易理解那些历史典故，甚至在戏剧中得到教化，明辨好坏与善恶。

唱戏是民间喜闻乐见的传统艺术。到了南方，逐渐演变出多种不同的表现形态，其中一个流派就是木偶戏。木偶戏让表演的第一主角由人变成木偶，它们装扮上行头，高高在上地做着各样的动作，木偶艺人在其下，一边指间灵活操纵，一边嘴里唱着唱词。

木偶戏不是阳春白雪般的存在，它与宽阔明亮的舞台不搭。它最适合的场景是在乡间的一块空地，点上一堆篝火，或是用从旁拉来的电线挂着的几个灯泡照明，台上演绎着神鬼传说，台下听得如痴如醉。

湛江木偶戏是粤西地区木偶表演艺术的一个重要流派，流传于湛江市全境，在赤坎、吴川、遂溪、廉江等地最为广泛，其中吴川被誉为"木偶之乡"。吴川木偶戏历史悠久，风格独特，又称为木头戏、鬼仔戏、鬼儿戏等。

吴川木偶戏源于汉朝，据唐《乐府杂录》和宋《都城纪胜》记载，"傀儡仔"起于汉祖在平城为冒顿所围。但因其历史久远，具体因由众说不一。一说是，谋臣陈平为解救被困在平城的汉高祖刘邦，设计用雕刻的木偶妆成美女，在城头翩翩起舞，匈奴酋长冒顿好美色，其夫人却是个妒妇，见此场景，逼迫冒顿退兵，刘邦之困遂解。

另一说则是，陈平用木偶戏吸引番人，待他们观看到三更半夜乏困时，再群起而杀之。也正是因为木偶戏最初是在深夜演出，故而得名鬼戏。

两个故事的细节不同，然而相同的是，木偶因战争而出现。木偶退敌有功，汉高祖将其珍藏在宫中，"后乐家翻为戏"。唐朝时，木偶戏随避战乱的人们一起传入福建。据说在明万历年间，闽南商船到吴川沿海口经商，带来布袋木偶，吴川说唱人仿效进行演出，此为吴川木偶戏之始。

吴川木偶戏最开始演的戏是指头木偶戏，之后为了适应观众对长剧的喜好，才开始在木偶身上安装身竹、手竹及活动机关，这样木偶操作简单，表演灵活，逐渐演变成单人木偶戏和多人木偶戏两种表演形式。

根据公开的报道，到今天，吴川单人木偶戏艺人中只有李光老师傅会用木偶"打武"，即让两个木偶进行武斗。李光从18岁开始演单人木偶戏，至今从事木偶表演已经五十多个年头。《藤牌对马》是李光的拿手好戏，令一木偶执藤牌，一木偶执马叉，叉来牌挡，叉收牌扫，酣战数十个回合后，两个木偶又同时夺到对方的武器，继续新一轮的打斗。令人称奇的不仅是两木偶武器的无缝互换，还有打斗期间发出的击打锣鼓声。旁人误猜舞台里还藏有一个帮忙打击锣鼓的人，其实是艺人趁观众们不注意，借木偶手中的武器击打了乐器。

观众们之所以很难注意到，是因为在木偶戏的表演台上布置有戏帘，艺人和观众之间有一道遮布，观众只看到木偶看不到艺人。业内的说法是，遮布相当于艺人的裤，不张遮布是羞愧于人的做法。

吴川多人木偶戏盛行之时，一个班一般为三人，其中两个演唱，一个锣鼓手，这样的组合通常是两个师父带一个徒弟。随着木偶戏行情的低迷，三人木偶戏面临招不到徒弟的困境，所以现在的多人木偶戏以两人搭档居多。

和其他地区的木偶戏一样，吴川木偶戏能在一个地区长期存在，必然具有当地独特的文化特征。吴川木偶戏的唱词，吸收了当地民歌的精华，艺人一般摘取《八才子花笺》等中的经典唱词化用到自身的演唱中。另外，吴川木偶戏艺人都是本地人，因而在唱词中多穿插一些观众耳熟能详的民间谚语、调侃讨喜话等，使表演更加生动风趣。

庞永林是吴川木偶戏班的"掌门人"，在大半辈子里，他做出了数以万计的木偶。庞永林说，制作木偶是他祖祖辈辈传下来的手艺，自十八岁时父亲把制作"扯线木偶"的窍门传授给他起，他的一生就和木偶紧紧联系在一起了。

他解密木偶的制作过程时说："木偶的初始形状都是由木头支撑起来的……在空心的木头里挖开两个洞，留作眼睛……先用木雕刻出手的轮廓，然后给木偶戴上胶手套，让细节更加美化。"庞永林说他制作一个木偶大概需要 20 天时间，单单雕刻这一环节就要花 5 天。

制作木偶是他的兴趣所在。据他回忆说，从小时候第一次看到台上的木偶时，他就被迷住了，直到现在"一做木偶，我就精神！"近年来，从事木偶雕塑制作的人越来越少，但将大半辈子时光付出在其上的庞永林还在继续着他的脚步。

庞永林将日常生活中观察到的灵感挥洒进木偶造型的创新设计之中。比如，他作品中的猴子翻跟头和老虎大张口等。这位老人还自信地表示："无论地上走的、跑的、跳的，甚至是空中飞的，只要想得出来的造型，我都能做到！"

解放时期，村里刚用上电，他看着神奇的"电"给人们生活带来了巨大改变，不由思考，能不能将电和木偶结合，让木偶自己动起来。在那个时期，想让木偶电动起来，涉及的机械、电力、音响、遥控等技术是处于前沿的科技，这是一场跨度极大的跨界。但庞永林没有放弃，终于在 20 世纪 80 年代，他成功制出"第一代"电动彩塑木偶。

2011 年时，84 岁重病缠身的庞永林向前来采访他的记者说出了久久萦绕在他心头的一个愿望，他想将他倾注了一生心血的电动彩塑木偶献给国家文化部门，不想让它失传。但要想申报"非遗"必须具备两个关键点：一是他还存有多年前的木偶；另一点是，他还能继续雕刻木偶或有继承人。提及这点，庞永林眼中泛起泪光，向记者发问："你说，会有人接过我这绝活吗？"

皮之不存，毛将焉附。木偶戏行情疲软，为其制作木偶的行业又如何生存呢？吴川木偶戏艺人群体多为老年人，现存艺人日益稀少，对吴川木偶戏的前途，他们也持悲观态度。

据相关学者的观察，现在木偶戏多用于贺喜或拜神，一场戏至多十几个观众，且多为老人和小孩，有时晚上连观众和灯光都没有，只有两三个艺人在如墨的夜色中对着神像表演。

新旧事物的更迭非常无情。近来，在村里有人家发生丧事时，可能为了照顾不同年龄段的人，会请两班人来表演，一班歌舞团，一班唱戏团。在同一个场地的两端，歌舞团这边人声鼎沸，各种灯光让人眩晕，台上帅哥靓女或唱或跳，还有主持人不忘调侃两句，引观众发笑；唱戏团这边则被凸显得更加安静，简易搭制的小黑棚，左右各挂一昏黄的灯泡，棚内几个老艺人边拉边唱，棚外零星也是几个老人相对枯坐，黯淡安静到不去仔细找寻就无法发现他们的存在。

不对比还行，一对比就会发现人们"喜新厌旧"的残酷。可能也不算是喜新厌旧，毕竟那些从小听戏长大的老人们，现在仍然在听戏。

我们保护非遗的目的之一就是，为子孙后代保留尽可能多的文化和社会记忆，让他们看到祖祖辈辈怎么样一代代延续到今天，让他们明白时间怎么把一个个瞬间定格成永恒。过去的终会过去，但未来，除了面向未来寻找以外，还需要从过去中寻找。我们除了勇敢地面对每天出现的新生事物，还要看到并相信那些恒久不变的东西和价值。

广东沙湾飘色：
人间的一抹绝色

　　在广州番禺区的沙湾镇，每到暮春三月时节，都会举办一场盛大的北帝巡游活动来庆贺水神北帝的诞辰。北帝巡游活动是番禺丰富民俗文化的集中展示，其中最为亮眼的是凌空飘逸的那一抹虚幻神秘之色——沙湾飘色。

　　飘色，仅凭字面意思很难想象出它的艺术表现形态。在广东方言里，"色"等同于"景色"，用来指代美好的场景。在马上装扮人物的称为"马色"，在水上装扮人物的称为"水色"，"飘色"就是装扮腾空飘起的人物。

　　飘色最神秘的地方是它利用了色柜、色梗和色芯三个重要的部分来让人稳稳地"飘"在半空。又因为人物扮演的角色大多来源于粤剧，因此有"凝固的戏剧，流动的雕塑"之美称。其中,色柜相当于展示台和表演区,色梗和色芯都以它为载体来进行展示。

色梗是飘色艺术的灵魂,人物能"飘"起来全倚仗它。沙湾飘色造型一般分为上下两部分,下部分即是固定在台面上的人物,称为"屏",位于上部分的称为"飘",色梗就是连接"屏"和"飘"的中间部分。

色梗的制作是飘色中最需要谨慎仔细的一步,它的成功与否直接决定了整体的成败。不仅要坚固和不易变形,还要使色梗的形状造型符合故事情节。

为了追求视觉上的美感,在装扮飘色时,艺人会将色梗用合适的道具巧妙地隐藏起来,营造出表演者"漂浮"的效果。比如脚踏飞燕,或是踩在一片芭蕉叶、一根笛子上。

何燮和(人称"和叔")是资格最老的飘色艺人,从事飘色制作已有四十余年。对于色梗的制作,他认为,这不仅是技术活,还是一项艺术创作,最重要的是要靠装饰来让观众看不出这些小孩是怎么凌空而立的。

这些装扮成故事中人物的小孩就是色芯。色柜和色梗的承重有限,"屏"一般由十岁左右孩童扮演,位于上部分的"飘"的孩童年龄则要更小,多为五岁以下。

不同于其他的技艺展示,飘色需要幕后的制作者和这些幕前的小演员们相互配合。因此色芯的挑选极为严格,年龄体重是基本要求,飘色是一场美的盛宴,长相是否俊

准备开始表演的广东飘色

美也是筛选条件。除此之外，还要勇敢不畏高。

在色梗上有一个秘密，那就是专为年幼孩童设计的坐兜，因为飘色演员年龄小，表演时间长，经受不住长时间的造型固定。所以从表面上看他们动作各异，但其实都是在坐着，那些露出来的脚是用塑料做的假脚。

色芯的选角竞争激烈，却不是个好差事。年幼的孩童要被固定在色梗的坐兜上长达数个小时，不论风吹雨淋日晒，都要忍耐到游行活动结束。且小孩的家中还要出钱出力，旧时参加飘色的小孩身上的服饰和首饰全部由家中包办，家人也要沿途跟着一起巡游。但因为飘色活动的祈福意义，人们都以自家孩子能成为色芯而感到光荣。

关于沙湾飘色的起源有着种种说法，最令大众信服的有两种。其一是飘色产生于本地，在清代末年时，因广东粤剧艺人李文茂参加太平天国起义，清政府明令禁止广东民众观看粤剧。

之后，当地民众只好通过其他途径寄托他们对粤剧的喜爱。于是，民间就开始出现一种将小孩扮成戏曲中人物并固定在台面上，抬着他们在各村游行的艺术形式。在此基础上通过不断完善，渐渐成为今天的飘色艺术。

另外一种说法是，飘色是经由他处流传过来的。番禺当地流传着一首民谣："员岗好跷色，沙湾好飘色。"表明沙湾飘色和员岗跷色之间存在某种联系。在员岗村崔湛先生的回忆中，曾看到一套县志上记载，员岗跷色自明代即有，随着崔氏一族的向南迁移传入员岗，在清道光年间，又传到沙湾镇。

如果追溯到更早，飘色则是由北方传入到南方。在北方，这项民俗艺术活动被称为"抬阁"。据说是孔夫子到郑国干戈村去，"化干戈为玉帛"之后，村民高台彩阁欢送他而留下的一种习俗。

但不论飘色是如何产生的，在这片土地上，能让它被一代代人自发传承下去的，除了民间信仰，还有宗族。

沙湾镇有何、黎、王、赵、李五大姓氏，其中以何姓最为富有。在珠江三角区流传的一句俗语"沙湾何，有仔无忧娶老婆"，足以见何氏家族在当地已是人尽皆知的殷实。

据《番禺县续志》引咸丰《沙湾何氏族谱》中记载：沙湾何氏，自宋淳熙十五年（1188），名何人鉴者（即何德明）定居沙湾。他买下人称"鱼游鹤立三百顷"的沙湾一带的土地。在此基础上，何氏家族又依靠政府和族人的力量，几百年间，迅速扩张其在沙湾的家族势力和田地。

几乎所有能够富甲一方的家族都极为重视功名，何氏也不例外。他们投入了大量的族产支持族人学习，参加科考。考取到功名者，还可以获得相应的奖励，功成名就的何氏族人又反过来为宗族的扩张出力。在这种良性循环下，何氏一族一跃成为番禺最富裕的宗族。

为了凝聚宗族力量，共同守护宗族荣耀，沙湾各姓氏或是同姓氏不同宗的家族都热衷于修建祠堂，沙湾当地历史文化的传承及延续都与本地大量的祠堂息息相关。在沙湾的宗族和经济不断发展壮大的背景下，沙湾飘色也得以迅速发展。

早期的沙湾飘色在飘色色梗设计和人物造型上都较为粗糙，板色数量少。宗族势力兴盛起来之后，民间的祭祀活动也变得频繁。飘色表演在祭祀活动中不可或缺的地位促使飘色制作工艺日渐成熟，又因沙湾乡中多文人雅士，他们热衷于与飘色艺人共同制作，故飘色造型也变得更为精致多样。

飘色的制作耗资巨大，当地人直言，飘色"飘"的就是钱。到如今，资金问题已经成了阻碍飘色传承发展的难关。据知情人士表明，每板飘色的成本一般要两三千元，在游行队伍中，多则有五六十板，少则二三十板。飘色活动场面宏大，除了主要的飘色表演外，还要锣鼓齐鸣，百兽率舞来助兴。一场活动下来，花费资金甚巨，因此很难长期巡演。

除此之外，飘色面临更大的困境是难以找到传承人，一方面是年轻人对它不感兴趣，另一方面是，沙湾飘色制作技艺复杂，师父带徒弟这样"一脉相承"的方式行不通，只能亲自参与创作，边做边学。

上面提到的和叔就是通过帮两位老师父打下手，才逐渐掌握了制作飘色的关键技术。在被问到收徒问题时，他无奈地表示："带过两个，但跟过一两次就不来了。"

飘色表演的台上和台下是冰火两重天，台上热闹红火，台下落寞冷清。对于大部分的观众而言，仅仅是看个热闹，未必了解飘色背后的故事传说；而沙湾的飘色艺人日渐凋零，2009 年统计时仅有 28 人，至今日，年龄最小者也已 57 岁。

说到底，传统技艺要想代代相传下去，最关键是要勾起人们的文化自豪感，让大众打心眼儿里热爱它，只有这样才会自发地去保护和传承。很显然，包括广东沙湾飘色在内的很多非遗，都正在面临这样的困境，这也是非遗保护和传承中所面临的最大困境之一。好消息是，随着民间和官方对沙湾飘色的重视，这一民间文化正在被重新大众化。

广东瑶绣：
用黑布来代表对土地的向往

在瑶族中，有一首古老的歌谣一直传唱至今："盘古造人先造女人，又造男人让女的招郎结亲。女人坐着高机织细布……女人在家织布勤绣花，盘古又造松明来点灯。"

按照歌中所表达的，瑶人在很久以前就有了自己的刺绣。

据史料记载，在秦汉时期，瑶族先民便已开始以木皮为布，以草实为色，其色五彩斑斓。也是自那时起就基本奠定了瑶族服饰刺绣常用的色彩——挑花多以大红或深红的丝线为主调，再辅以黄、白、绿、蓝。

恰好是五色，外族人说瑶族自古"好五色衣服"，却不知这风俗是瑶族人在试图将他们的民族感情和历史变迁，通过服饰的色彩记录下来。

瑶族是名副其实的"游耕民族"，因受外界逼迫，不得不处在长期的迁徙流离中。尤其是过山瑶（乳源瑶族），因其祖先在生存方式上以耕山为主，"食尽一山又一山"而得名。瑶族用来刺绣的布以黑色为主，在瑶人心中，黑色代表着土地，他们用黑布来表达对土地的向往和失去土地的悲痛。

瑶族没有文字，瑶绣技艺靠"母传女，婆传媳"的方式得以保留和代代相传。在瑶族，刺绣是女人家必备的技能，母亲要在女儿刚懂事后就教她刺绣。依当地风俗，绣工做得不好的姑娘是嫁不出去的。

冥冥之中，瑶绣贯穿了瑶族女性的一生。从她们学会穿针引线的那天起，就开始绣她们结婚那日要穿的嫁衣，和生育后孩子要用的一些衣物。而找寻如意郎君时同样也靠带有瑶绣的烟袋作为定情信物。

作为广东省瑶族刺绣非遗项目传承人，同时也是瑶族刺绣邓家第四代传人的邓菊花从五岁那年就拿起针，跟着姐姐和母亲开始学习刺绣。那时，要走上一整天的路才能买到一根自己想要的针，后来却不小心丢了，只能再走上60多公里的路重新买一根。

但邓菊花说这种辛苦跟瑶绣挑花相比算不了什么，瑶绣做起来更辛苦。瑶族习惯"反面刺绣"，即从反面绣，不看正面，但绣完之后，正反面是相同的图案，而且绣时不画底稿，全凭着脑中对所见之物的印象来抽象化变为简单几何图案的组合，再绣到画布上。

瑶绣图案的灵感来源于自然和生活。瑶族虽然有自己的语言，却没有文字，瑶绣上的图案其实是古时瑶族人民用来记事的。比如瑶绣上的星星图案，邓菊花解释说它来自一个浪漫的爱情故事，大概内容是，一个小男孩喜欢看星星，当喜欢他的小女孩学会刺绣之后，就天天把绣有星星的绣品送给小男孩，最后他们在一起了，星星图案也自此流传下来。

瑶人对他们的始祖盘王有着最虔诚的崇拜，盘王印的图案被瑶族人像家传珍宝一样守护着。传说十二姓瑶人乘船过海，遇上狂风大浪，在危机存亡之时，从天而降盖有盘王玉印章的神符，瑶人才得以死里逃生。因此她们在衣服各处绣上盘王印，希望仍然能够得到盘王的庇护。

瑶人还供奉蜘蛛，在瑶绣中也多出现蜘蛛网的样式。对于蜈蚣这样的毒虫，在绣品中也有着不一样的诠释，瑶人把它画在身上企盼它能让人百毒不侵。

邓菊花说，过山瑶的魅力在于，反面刺绣时如何知道正面的图案是否正确。而对于绣娘来说，想绣什么样的图案，绣成多大的尺寸也全看个人喜欢。因为瑶绣不作为商用，所以可以尽情地将从山水之间得到的灵感挥洒在其上，这也是过山瑶的情怀所在。

一直以来都对刺绣怀有热情的邓菊花在 2007 年的夏

季突然接到了一份通知，要她到县里参加乳源瑶族自治县成立 45 周年的筹备会议。而在这里，有一份艰巨的任务在等着她，并且非她不可。

这份艰巨的任务就是，要她绣成一副百米长的过山瑶长卷。按照绣娘的工作效率，这样的一副瑶绣她一个人要绣二三十年。在经过一番思考后，她果断放弃了瑶族以往单独刺绣的模式，迅速找来二十四位经验丰富的绣娘合作。她临危受命，接下来别人眼中的"苦差事"，只是因为她"太爱绣花了，没理由停下来"。

经历数载寒冬与酷暑，终于完成这一巨作。之后，她带领团队绣成的这幅百米过山瑶长卷《瑶岭长歌》斩获了上海吉尼斯"中国之最"称号和世界纪录协会认证的"世界之最"称号。接着，在上海世博会上，《瑶岭长歌》又亮相国际舞台，瑶绣终于向世界展示了它的魅力，而不只是沉寂在瑶家山村里。

然而这是经过改良版的《瑶岭长歌》，最初这件作品被拿去参加广东省年度艺术作品比赛时，只拿到了三等奖。主办方认为这件绣品中图案与图案之间空隙太大，美感不足。也是自那时起，邓菊花才意识到，瑶绣千百年传下来的传统固有的图案，已经不能满足现代人的审美需求。

她决定对瑶绣进行创新，在原来绣图的空隙中，填补进具有现代化气息的图案，像乳源旅游文化节"牛"的图案就被加入其中。后来，她又把汉字，尤其是"福"字绣进瑶绣中。她心里非常清楚，"刺绣和人一样，只有与时俱进，才不会被时代淘汰，才能有所传承"。

但时代带来的冲击依然无法避免，瑶绣做起来辛苦，费时耗力，收到的回报却微薄，因此，现在的瑶族女子更多选择在外工作，"母传女，婆传媳"的传承方式被迫中断。而且，因汉族服装穿着方便，瑶人只在节庆日时，才穿戴本族服饰，大多时候的着装已与汉人无异。还有就是，身在外地的一部分瑶人羞于向他人展示具有瑶族风格的服饰和物品，他们不想让别人知道他们是从大山里面出来的。

事实上，随着社会的不断发展，瑶族文化的生存空间日益被挤压，瑶族内部的族群认同感以及对传统风俗文化的自信感在减弱。而瑶绣传统文化的传承寄托在瑶族人民的身上，只有本族人民在心里认同瑶绣工艺，为自己的民族文化感到自豪，才会采取主动积极的行动，对其加以保护和传承。

瑶绣日渐式微。为了把瑶绣这门技艺传承下去，邓菊花这样具有瑶绣技艺，同时又具有情怀和文化理解力的瑶绣传承人，甘愿化为刺绣的针，将这门古老的手艺与现代社会相连接。

她编写的有关乳源瑶绣的书《瑶绣》，是专门为年轻人写的瑶绣教材。在这本书里，她将瑶绣的绣料、花纹摆布、针法及详细的制作过程写入其中。她希望瑶绣在告别了传统的家庭式传承后，能迎来新的大众化教学的传承方式。

谈起这本书，邓菊花只是说："想要把瑶绣写下来，传下去。别人没有做的事，我去做。"这样简单、纯粹的理由，一如当年担下百米刺绣长卷的重任那样。

对于瑶绣的未来，邓菊花认为，如果瑶绣注定有一天要消失在世间，那我们是不是可以反过来把它当成一个新生的、新奇的事物，然后当我们重新发现它们时，它们又是充满着满满的生命力，像几千年前刚出现一样。要因爱而去保护，而不是因保护而去爱。有时候，这样的松弛感反而更能够让人感受到希望。

潮州金漆木雕：
有这股灵气的才是匠人

当广东省博物馆把金漆木雕大神龛通过《国家宝藏》呈现在世人面前时，它的华丽富贵再次惊艳四方。初看它金光闪耀，让人误以为是纯金打造，但近看又被精雕细琢的技艺折服，人物面貌、鸟鹤羽毛无不栩栩如生，足可以假乱真。

潮州金漆木雕与东阳木雕、乐清黄杨木雕、福建龙眼木雕并列为中国四大名雕。潮州的木雕匠人习惯将其他三类木雕统称为北派木雕，而潮州金漆木雕作为南派木雕，与北派在雕刻手法上有着明显的不同：南派轻盈，北派厚重；南派推陈出新，北派固守陈规。

潮州人临海而生，海洋赋予了他们同样逆流而上的坚

木雕作品《乐在其中》

韧品质和永不止步的开拓精神，木雕匠人又把这些精神挥洒在他们的作品中。

《龙虾蟹篓》是潮汕木雕中的经典作品，也是国家级非物质文化遗产潮州木雕传承人辜柳希最令人拍案叫绝的作品之一。在2009年中国非物质文化遗产传统技艺大展上，他展示了这件不可思议的作品，吸引了时任全国政协副主席白立忱驻足凝视。他在远超自己身高的整段檀木上立体镂空雕刻了形态各异的螃蟹、龙虾，甚至还有捕捞瞬间带出来的水花。

辜柳希生于1954年，是广东潮州人。在潮州人的生活中随处可见木雕，小到家中的桌椅，大到宗祠梁柱上的装饰和供奉先辈神位的大神龛。在这样的地方长大，耳濡目染，不知不觉间对木雕产生了兴趣。他在17岁那年正式拜了潮州木雕名师陈春炎为师，年少时的热爱催生出他在木雕方面的天赋异禀，两年后，他以优异成绩考入了潮州市金漆木雕厂。

"不疯魔，不成活"，工作台对于辜柳希有着神秘的魔力，他苦闷的时候，就去工作台那对着木头刻两下，心情就舒展了。他经常是从早上开始雕，再抬头的时候就是深夜了，有时甚至都不知道是什么时辰了。

在木雕圈子里他还是出了名的"快刀手"，手速快，位置准。早年间的家境清贫让他不得不赶工，留出时间接私活。现在他已经不用担心温饱问题，但当年的经历练就了他构思明晰、下刀干净利落的本事，像小型的木雕《龙虾蟹篓》，他半个小时就可以将粗坯制作完成。

在辜柳希的内心深处有着一股迫切把故事讲述出来的欲望。他不满足仅仅在木头上雕出人物，他追求的是要木雕像照片儿那样，凝固住人物一瞬间的神态动作，让静物重获生机。他还要让木雕像画，呈现出来的是一个个兴趣盎然的故事，人物之间有着互动。他的木雕作品《清明上河图》圆了这个念想，上千余的人物在他的一笔一刀下活灵活现。

对于木雕的制作过程，辜柳希说"应该是从下到上，从前到后，由表及内，由浅入深这样层层推进的顺序"，行内还有一套口诀："打坯不留料，雕刻无依靠。"就是在打粗坯时要为后面的步骤留有余地。就像经世代流传下来的人生智慧，做人凡事留一线。

最关键的一步是调金地漆，就是木雕完成之后贴金之前要在木表涂刷的漆料。辜柳希也没有一个准确的原料的调配比例，他只靠多年的经验就能准确判断出是否调配到最佳，就像他在观察木料时脑中就已经演示完成一刀一笔落下后的模样。

如今，他把金地漆的制作过程手把手地教给小儿子阿加，盼望着在往后的日子里潮州木雕能够发扬光大。另外，在将技艺传承给下一代接班人上，他同样不遗余力。

有些大师收徒要收学费，有些大师只求技艺不失传，不收徒弟一金，而辜柳希收徒弟要自己拿钱补贴弟子，为的就是要这些年轻人安心学习技艺，将整套技艺完整地传承下去。

在众多的徒弟中，辜柳希最看好的是一个叫曾驰的小伙子，因为他能静下来。在技艺精巧之前，辜柳希更看重一个人对木雕制作技艺的沉浸程度：方法技巧好传承，使劲学肯定能学会，但对一件事物的热爱甚至痴迷却难以传承。

辜柳希对金漆木雕的痴迷来自年少时受到的懵懂启发，世事打磨成就了今天的他。八零九零后年轻人的成长经历和他以前的经历有着太大的不同，他其实在某些方面有些不太能和他们沟通，但他在教这些年轻人雕琢木头的时候，也在试着雕琢他们，试着用一颗灵魂撼动另一颗灵魂的方式把这股灵气雕琢出来。有这股灵气的是匠人，没有的是手艺人，或者商人。

有一天，辜柳希跑到市场上花了八千元买了一个《龙虾蟹篓》回来，这是因为他听说市面上出现了价格极低的同类作品，所以连忙跑到商场一看究竟。雕刻木头四十余年的辜柳希一眼就看出了端倪，这是赝品，仅仅是通过3D打印制造出各部件，然后用胶水拼接在了一起。

他把这个赝品买回来的原因是为了给徒弟们上一节重要的课，当着徒弟的面，他把这件赝品狠狠摔坏，告诉徒弟们，捷径虽然诱人但不可取，这样下去，会败坏潮州木雕的名声，让珍贵的技艺失传。

即便辜柳希这样掏心掏肺地传授技艺，但他的徒弟仍然不是很多。这个时代里，外面的世界与埋首枯坐案前相比太过多彩诱人，在互联网的快车上有太多致富的捷径可以尝试。学会这样一门手艺温饱没有问题，但也难发大财。像辜柳希这样的国家级别传承人，工厂的收益他也没算过，"因为有了钱就马上买材料了"。

到现今为止，辜柳希已经用自己多年的积蓄，为潮州木雕的传承创立了潮州市传统工艺研究会和潮州传统工艺创意产品服务平台等多个非营利性机构。

他有着对潮州木雕的责任感，希望能以一己之力将木雕技艺完整地传承下去。非遗已经融入了他们的生命，他们是非遗本身，也正是有着无数个像他这样的人，无形的非遗才拥有了有形的骨肉之身。

　　看见过包括辜柳希在内的很多匠人后，才相信保有初心的人在人群中真的会发光：他们眼神清亮，步履轻盈，当他们沉浸在技艺制作中时，专注的仿佛这个世界只剩他一个人，连时间都忍不住要轻步慢走，怕惊扰了一颗匠心。

肇庆端砚:
既是风流，又是名利

在广东肇庆市鼎湖区有一个小岛名叫砚洲岛，因其外观像一块浮在水中的端砚而得名。据民间传闻记载，该岛是由包拯掷砚而成，在他于端州离任之时，当地豪绅名流纷纷携物相送，但包拯都一一谢绝，以清廉著称的他说："请让包拯清白地来，清白地去。"

当船行到羊峡口时，突然天色大变，由晴空万里转至风雨大作。包拯觉得事有蹊跷，遂让人去寻是否有私受礼物者，经排查果真查出一个黄色包裹，里面包有一方雕龙刻凤的砚台。包拯看着这方做工精良的端砚说，既然是端州的宝贝，那就让它永远留在端州吧。说完就把端砚扔到水中，砚台刚落水，江中就恢复了风平浪静。之后，在包公掷砚的地方，隆起了一个沙洲，就是现在的砚洲岛。

端州后人为了纪念两袖清风的包拯，在砚洲岛特意修建了一座包公楼，端砚也借此传说彰显出它名贵的品质。

深圳文博会上展示的端砚

端砚，位居四大砚台之首。自唐朝起就是皇家御用的贡砚，也自那时起就已经是名贵的奢侈品。它的珍贵不仅在于原材料的难得（制作端砚的原石只有在广东省肇庆市东部的烂柯山和肇庆市七星岩北面的北岭山才能开采到，且是不可再生的矿物资源），还在于它本身的优良质地。

端砚石近水而生，古有云，"泉生石中，非石在泉中"，因而石质绵软，温润而泽。

而真正令端砚美名在外的是其"呵气成墨"的特质，

即不用加水，靠呵气凝聚出的水珠就可砚出墨来，用其贮墨可夏日不涸，冬日不冰。且发墨快、墨粒细、不损毫。普通的砚石磨出来的墨有五色，而用端砚磨出来的墨能有七色，这是端砚的又一特性。

关于端砚的"历寒不冰"有一个传说。唐朝时期有位岭南端州的举子赴京应考，当时正值严冬，考场上其他考生砚台中的墨汁都冻结成冰，只有来自端州的这位举子砚台中的墨汁未被冻结，众人皆诧异，问其原因，答曰，其使用的是端州出产的砚台，端砚因此而誉满京城并名扬天下。

历代的文人墨士都以拥有一块端砚为荣，甚至有些人对端砚达到痴迷的地步，为其挥墨作出诗句，浩瀚文学史中也因此留下其身影。这不单因为它的实用性，还在于砚台上的精美图案是可供欣赏的艺术品。

回看端砚石坑的开采史，遭封禁又复开，曲折反复。稀世珍宝就如绝世美人一般，颠沛流离在各色人的股掌之中。唐朝时始开采端溪石，石坑由当地砚民开采；到宋朝，当权者开始介入，时任端州知府的杜懿下令禁止砚民采石，自己将砚材占为己有；再到明代，皇室开始御派太监监督开坑封坑。

自古名利场就如同修罗场，财富由无数生命堆积而成。从端砚的原料开采到制作再到成品流出，每一步都夹杂着复杂的世间百态和权力争斗。古时的贡砚如征徭役，是对当地百姓的压迫和剥削。且古代采石设备较为简陋，为了节省时间，坑洞大多挖得较为狭窄且深，洞内漆黑，空气混浊，时有崩塌事故发生，砚石开采工作极为艰难和危险。

在央视曾录制的节目《中华揭秘》中，主持人找到了 20 世纪 70 年代曾在烂柯山开采过砚石的程八，由他领路寻找烂柯山中的石坑。程八说，以前他们进坑洞时身上不着一缕，因为洞内潮湿闷热，怕衣服坏得快。而洞内狭窄，一不小心就会被突出的石角刮得血肉模糊，且一天一个工人只能采三斤。主持人问他：那一定很辛苦了？程八立刻否定：不是辛苦，是艰苦。主持人又追问道：那为什么要做这样的工作？他的回答已经在无数这样的工作者口中听到，但仍觉得触动。他说：为了生活。

在这样的生存状态下，端砚行业也因此与独特的习俗密切相关。古时自然信仰在采石工匠心中占有很重要的位置，他们将无法掌握的想象都归之为鬼神，因此，他们的潜意识里有着对鬼神根深蒂固的敬畏。到现在，虽然砚工对神灵的崇拜日渐淡薄，但他们曾经对自然的崇拜信仰造就了今日端砚行业的民俗文化。

雕刻艺人如一辈子只为他人作嫁衣的绣娘，上好的端砚石材经他们制成巧夺天工的稀世珍品，但在他们当中，很少有人能够拥有这样的一方端砚。除了流传的与端砚有关的文人雅士的诗篇和佳话，与端砚有关的故事还有另一面，或者说阴暗的一面。最早，贡砚因其珍贵被用于赏赐有功德的臣子，再到后来，成为官场用于追名逐利的贿赂品，从中滋生出腐败与罪恶。如果流传至今的端砚会说话，它娓娓道来的故事一定令人唏嘘不已。

从唐代就开始开采的砚材到如今已经面临枯竭，其实更多的还是在近代被开采的。古人采石具有节奏性，十年才采一趟石，或许是受技术手段的影响，一趟也不过一两百方砚石。而到了 20 世纪八九十年代，每年最多要采十万斤砚石。

砚石资源的枯竭使端砚的身价上涨，但一度有价无市，甚至行内知情人士介绍，现市面上 90% 的端砚都是假的，因而人们都是观望，无人购买。这是继一波热潮之后面临的衰退，在 2005~2009 年间，因一系列的封坑法令和"端砚制作技艺"的申遗成功，端砚市场进入最兴旺的时期。一时间吸引众多收藏家、艺术家来到肇庆寻宝，也有许多年轻人来到这里拜师学艺，跟老师傅学习制作端砚。而随着端砚热潮退去，不少制砚师傅也陆续转行。

端砚无须担心会受到现代工业生产的冲击，因为机械化生产虽然可以缩短端砚的制作时间，提高效率，但无法对每一块原石因材制宜。在制作每一块砚台前，雕刻艺人会根据石料的形状，设计砚台的形制和尺寸。遇见石品极佳、生有石眼的珍贵石料，要将其特点巧妙地融合进端砚的艺术创作中，宛若天成的图案设计能将端砚的价值提升数倍。这些都是目前机械化生产无法做到的，因此，制砚的手艺暂时难以被机器取代。

端砚需要担心的是，它已不再是人们日常书写的必备品，即便它是中国书画背后默默无闻的贡献者，时至今日，仍能以这样华丽的方式向人们呈现中国古典艺术之美，但它还是需要找到新的时代背景和新的生活方式下更为"硬核"的出路。毕竟，万物首先因被需要而存在，然后才是因其艺术性而被珍藏。

第三章

角落中国　人文广东

既要在云端，又要在人间，这不仅是我们一贯的治学原则和方法，也被我们认为是认识真实中国，甚至是重新发现中国的最重要的视角之一。尤其是"人间"视角，将让我们有机会看到更多其他视角下容易被忽视的中国存在，而这些"中国存在"不但是真实中国的重要组成部分，很多时候，甚至可能深刻影响时代的变革和国家的命运。当然，这些影响有时候是积极的，有时候是消极的。

这些鲜活的人间烟火和"中国存在"，可能在大山深处，可能在海上孤岛，可能在边缘村落，也可能在城市街巷，可能已经是当地人的骄傲，也可能连当地人都没有意识到。为了表达的方便，我们曾经将其概念化为"角落里的中国"，以在空间分布上给我们一个指引，让我们知道到哪里去寻访，到哪里去记录，到哪里去思考。

广东当然也有很多"角落里的中国"，而且，对这些地方的寻访与我们此次对岭南大地上最安静的风景最沉默的文明的寻访有着很大重合度。所以，在我们的行走路线中，从一开始就基于角落中国的思维，选择了一系列地点——我们决定循着自己的脚步去发现和讲述一个"不一样的广东"，进而发现和讲述一个"不一样的中国"。

在我们看来，这些空间和人间意义上的角落中国，是人文广东最重要的组成部分，而且，这些人文性的存在，毫无例外都是中华人文谱系重要的组成部分。只不过，有的已经通过中国大历史叙事让很多人知道，有的却从来没有被正式纳入中国的大历史叙事当中，也就少有人知道和理解。所以，我们也希望通过我们的这次寻访，为这些分布于中国角落的风景和文明重构时代、历史和价值叙事，与此同时，也在客观上充实和丰富既有的广东故事和中国故事。

一路走，一路思考，一路歌唱，我们发现，效果比我们预设的还要好，故事比我们想象的还要丰富，启示比我们想象的还要多元。

比如，我们发现，"在潮汕菜的演进中，既有对一方水土养一方人的地域生发之本真的追求，更有伴随着中国大历史进程中多次人口迁徙所带来的文化激荡，还与天下潮商在远行与当归中的乡愁与记忆有关。从中原到边缘，从大陆到海洋，从乡村到城市，从中华到全球，在经历了生生不息的文脉交融、开放回归、喜怒哀乐之后，潮汕菜理所当然地超越了美食的范畴，进阶为亦显亦隐的潮汕饮食文化，而潮汕饮食文化自然也就成了中国饮食文化谱系中的重要一脉，而这一脉理所当然也是潮汕文化谱系中的重要一脉，并在很大程度上成就了潮汕文化作为中华文化谱系中重要的一脉"。

所以，就让本章的内容，从潮汕饮食开始吧！

潮汕饮食文化考：
烹调味尽东南美

潮汕人的一天可谓是从美食中醒来的：一碗煮开花的软糯白糜，上百种小碟杂咸，一碗弹牙鱼面，一撮紫菜再加三颗鲜甜鱼丸，一份香气扑鼻的牛肉粿条，一盘晶莹剔透淋上酱汁儿的潮汕肠粉，一碗配着卤菜和烫菜的粿汁。

中午的食谱也可以用眼花缭乱来形容：一份下锅五秒就要捞上来的牛肉片，送进口腔里还在滋滋跳动；一碟店家自制的沙茶酱，配一碗手锤的乒乓球大小的牛肉丸；一盘皮脆肉酥的鹅肉饭，加一张油滋滋的蚝烙饼。

晚饭则很可能是一场难以停下的下午茶的延续，与饥饿无关，但与规矩、讲究和生活习惯有关：一整个甜咸皆备的双拼粽球，一碗白生生的杏仁茶，一个杂着虾米、绿

潮汕火锅
图片来源：图虫创意

豆和肉松的春卷，一勺软绵绵的鸭母捻，一盒刚烤出来的
点心拼装，一份淋上酸奶的豆花。

当然，如果据此认为潮汕的饮食只是与品类丰富有
关，那只能说明我们对这里的饮食文化还没有领略一二。
事实上，在潮汕菜的演进中，既有对一方水土养一方人的
地域生发之本真的追求，更有伴随着中国大历史进程中多
次人口迁徙所带来的文化激荡，还与天下潮商在远行与当
归中的乡愁与记忆有关。从中原到边缘，从大陆到海洋，
从乡村到城市，从中华到全球，在经历了生生不息的文脉
交融、开放回归、喜怒哀乐之后，潮汕菜理所当然地超越
了美食的范畴，进阶为亦显亦隐的潮汕饮食文化，而潮汕

饮食文化自然也就成了中国饮食文化谱系中的重要一脉，而这一脉理所当然的也是潮汕文化谱系中的重要一脉，并在很大程度上成就了潮汕文化作为中华文化谱系中重要的一脉。

但不管怎么说，潮汕菜和潮汕的饮食文化，最真切的体验永远都存在于民间市井，永远都充满了人间烟火。这让我们想起李安导演的《饮食男女》，想起那一道道鲜美诱人的菜，父亲和女儿在饭桌上有冲突，在饮食中解决，煎炸烹煮下，将情绪炒了进去。

有人说，看一个地方的饮食，如同观看一场无止境的冒险，不过，小时候，我们看的是美食，长大后，我们看的是家乡。潮汕人看潮汕菜或许也是如此吧。

潮汕菜，并不等于粤菜。广东省的历史发源很早，早在秦初，俚人便分布在南海之滨。随着中原人的迁徙时间和地区的不同，粤菜形成了三大体系：广府菜、潮汕菜、东江菜。因此，在谈及潮汕美食的变化上，得先区分出潮汕。

现在人们口中的潮汕地区其实是由汕头、揭阳跟潮州三部分组成。从隋朝起至民国，如今的潮汕三个市都曾由潮州府管辖，再加上现在梅州的丰顺县，便是清朝时期的"潮州八邑"（"邑"在旧时代指县）。而名字中同样带着"汕"字的汕尾，在 1958 年以前，一直归属于惠州，广东省交通上的"潮汕站"不包括汕尾，汕尾本地人也多不认为自己是潮汕人。

在潮汕的历史上，食物是一部交融曲。

秦汉以来，中原人开始南下迁居，汉唐后，每一次发生在中原大地的战乱，都会引发闽南与浙江一带的中原人赶往潮汕地区。迁离、寻地是漫长而冷漠的，但对后人而言，这一次次悲凉里孕育出的文明，却时常是光彩鲜明的。这文明的一部分，便是与美食相关的。

中原人初来的潮州府，还是"海浸城根老树秋"，空间上被山水阻隔，中原人难至此地，远离政治中心，所以被称为"省尾国角"。

潮州吃鱼生的习惯也在这时候形成——"民以食为天"，他们不得不因地取材。

海洋是古越族的猎场。沧海桑田，岁月成空，潮汕地区的海岸线至今仍有 300 多公里长，浅海深海相互依存。于是，和很多沿海地区一样，鱼虾膏蟹、鱿鱼薄壳很早就成为当地食谱的重要组成部分——人们依海用海，从而成就了"珍馐每从海上来"。后来，迁居此地的人也就逐渐养成了吃海鲜的习惯，老话说"无鲜不成筵席"，便是指海鲜。

在潮汕，海鲜的吃法有很多种。其中之一是粥糜，这与潮汕湿热，不好食饭有关。粥糜有两类，一类是佐以"杂咸"的白粥，另一类便是与各种菜、海鲜等混煮的"花糜"。在潮汕地区，哪怕是市区，卖海鲜粥的店也随处可见，蟹腿、海虾肉和牡蛎滚着大米、姜丝一起煮出，舀上一勺，甜滑鲜美。但不同于外地仅仅统称"海鲜粥"，店面上往往将主食材分得很清楚，螃蟹粥、水鸡粥、虾粥和鳝鱼粥等。

潮州还有一道鱼饭，大凡有捕鱼的地方，几乎都加工制作：将不剖膛的海鱼，就地用淡盐水腌起，然后再放入浓盐水煮熟，自然冷却即成新鲜的"冻鱼"。之所以如此做法，这是因为，起初，渔民打鱼之地距离住处较远，鱼来不及带回就腐烂了，渔民便在渔船上烧水，加盐煮熟。

此外，据《汕头商业志》记载，潮汕名菜小食共有七大类三百余种，近乎每一道都与海鲜有关，也因此，他们对于食材的新鲜度十分苛刻，鱼饭如是，其余海鲜亦如是。

南宋时，杨万里因平海盗而过潮州府，就记下了当时潮汕人煮花蛤的场景："珠宫新沐净琼沙，石鼎初燃瀹井花，紫壳旋开微滴酒，玉肤莫熟要鸣牙。"据此可以看出，花蛤要放水吐沙，煮时要刚热就滴酒去腥，蛤肉不能熟透就要捞起来，这样才能体味到它在唇齿间的鲜美。

"桂林山水洞，潮菜色味香"，在汪曾祺眼中，潮汕菜是美食中的"桂林"。如果说海鲜是潮汕菜的"象鼻山"，那配料便是潮汕菜的"漓江"，而第一段便是配酱。

许多人对于粤菜的印象是淡与养生。曹廷栋在《老老恒言》中说："凡食物不能废咸，但少加使淡。淡则物之真味真性俱得。"潮汕一日几泡的工夫茶，混合着枸杞、银耳煮出的糯米汤圆，一日内多粥又多汤的"水饱"，似乎都与其相符，然而，潮汕菜有一处鲜明的不同便在于配料。

晨起，潮汕地区的街面上摆上了白粥，老板递给了粥就会问要哪几样杂咸。杂咸，便是佐食的酱菜。潮汕随意摆上的日常酱菜，就有一百来种，尤以揭阳市炮台镇的"地都咸菜"最为出名。

牛奶加工的咸牛奶疙瘩牛凝，泡入白粥奶香四溢，还有菜脯粒炒小虾米的虾仁菜脯，红辣椒和酱油腌出的腌蚶，橄榄菜与老香黄是喝粥时的好伴侣，卤螃蜞和鱼饭是潮汕地区私藏的美味。当然，也并不都是咸的，白糖和南姜的滋味腌入了贡菜，就成了小孩子很喜欢的甜杂咸。

与中国大部分菜系不同，"烹调味尽东南美"的潮州菜重在鲜活，着重体现食材本身的甜味，因而在烹调时不会加入过多的油盐酱醋，而是等上桌时，再根据不同的菜品搭配不同的酱料。最出名的该是潮汕牛肉火锅，一点牛肉丸，便知该去取沙茶酱；吃大闸蟹时，就该上姜丝浙醋；不太为外人所知的细处，则还有鱼露配上胡椒粉，吃的是蚝烙；香者闻香，臭者闻臭的虾酱，则是要搭配上海螺肉一起，怯生生地面对食客。而面对"泾流合渭流，清浊各自持"的众口难调，一菜就也配多酱，看客人自己如何选择，如何搭配，未尝不是体现出了另外一种饮食哲学。

如果你到当地实地走走就会发现，潮汕的家家户户都有自己做酱料的方法，并无标准的教科书做法，可谓是自己的"传家之宝"。若要去尝潮汕小吃，走入一家店便是一家店的滋味。转几步，不打眼的小店里就藏着美食，好坏全由自己评价。吃在潮汕的惊喜大概也就在此吧。

潮州府的酱料繁杂，与当地盛产盐有关。汉代应劭在《风俗通义》有一句，可堪比"青出于蓝而胜于蓝"的"酱成于盐而咸于盐"。

王安石行经潮州时，曾见潮州府垒灶以煮盐的盛况，谓"万灶晨烟熬白雪，一川秋穗割黄云"。潮州府地，盐灶星罗棋布，盐农将海水倾倒，暴晒后，在阳光下铺开如雪，一夜皑皑。

直到清朝嘉庆年间，这样的盛景还是澄海县的八景之一，被称"华坞雪"。根据记载，从潮州饶平到汕头达濠，盐产丰盛，盐田处处可见。

在古时的内陆，盐是珍贵之物，之于中原之地有如今日冰箱之用。老百姓往往拿粮食换盐，商人则依靠盐来进行远距离的贸易运输。潮汕地区，多有盐粮古道以向外售盐，用盐腌制食物是常事，用不完的，便琢磨出制作各种酱料。

走在潮汕街头，你会发现，小吃的数量远远超过正菜，尤以各种名目繁多的"粿"为出众。

粿品，是潮州饮食中的一绝。中原人有用果品面食祭祖的习惯，南迁后，南方无小麦，面食极少，他们便取米做浆。而当时的潮州府并无大量土地可种植，米也不够吃，因而在米里包入各种野菜，蒸熟食用。因祭祖之用，粿品被做成了各种寄予祝愿的样式，多以桃型和圆形为主，并根据节日做粿，便有"时节做时粿"一说。

但在潮汕地区，这种粿品却以另一种功能而被广为食用。从一千多年前开始，受制于本地资源短缺的情势，去往别地谋生与下南洋的传统从未断绝。春荒米少，在长远的水道上，他们在码头与家人告别，人生路漫漫，不知下一次回来是在多久以后。家人在他们临行前塞上一袋干粮，便是粿品。这种情况下，粿品里加入糖以延长保质期，于是，从食物里延续出"无可奈何春甜粿"的心酸。

所以说，潮汕的粿品，是一道道用乡情烹制的小吃，先人思念远在中原的故乡，游人思念远在故土的亲人。

而事实上，不仅是粿品，伴随着这些从潮汕远行的人以及来到潮汕的外地商旅，潮汕菜也开始了其与全球饮食文化的交融之旅。

唐朝时，潮州窑兴起，大批商人和官吏聚集于此，自然也带来了饮食文化的交融。潮州府的商贸呈集散状态，"商贾云集，楼船万国"，这样一来，潮州美食又通过南来北往的过客声名远扬，日渐有了潮式饮食名扬天下的雏形。

而后，被誉为"东方犹太人"的潮商也开始盛装登上历史舞台。他们出外谋生，不仅足迹遍布中国，更有只身出洋者，将潮汕饮食带去了东南亚诸国。零星的潮式小店成为异国他乡的点缀，缠绕着乡情与乡味。

与此同时，在潮州府，外商接连而至，东西方两相交融，尽显"经济兴盛、文化兴隆"之态势。王士性在《广志绎》中描写了当时潮州的繁华景象："闾阎殷富，士女繁华，裘马管弦，不减上国。"一时间，潮汕的饮食也随之精细日重，一场筵席是"水陆争奇，第宅错绣，鲜衣丽裳，相望于道"。

近代以后，水运、港口是城市快速兴盛的重要原因。汕头开埠后，洋船进出汕头港，并有洋行开办。"舟车云集，商旅辐辏"，来自域外的食物进入潮汕，而消费能力的提升也直接促进了潮汕菜商业化的进程，出现了专门的酒家与厨师，潮汕菜进入飞跃时期。

改革开放之后，海外华侨有了更多机会与故土取得交流，港澳台饮食同潮汕菜发生了交集，而且伴随着一代代潮汕地区华侨的归去来兮，早已经实现多种文化激荡和交融的潮汕饮食文化，也成为这些游子和归客心中永不消失的观念。决定一个地方是不是家乡的，并不只是一个人是否出生于此或长于彼，而是被刻在脑子里的记忆能否让人产生归属感，其中最鲜明的便是饭菜。我们固执地要回家去吃地道的家乡菜，不只是因为爱与挂牵，还因为离了那片土地，真就变了滋味——一方水土是要先养一方食材，才能再养一方人。

中国味道在广府：
与岭南的历史一样长

2018 年台风"山竹"袭击广东期间，一张关于广州的照片在官网广为流传，并引发热议：一篮满满的青辣椒，正孤独地待在被抢购一空的超市货架上，配文是"不吃辣椒是广东人最后的倔强"。

岭南地处亚热带季风气候，夏日昼长，湿与热携手并进，导致广东人大多体质湿热，稍一吃辣就容易虚火旺盛，因此，在很多地区满大街都是碳酸饮料的时候，广东的大街小巷都摆满了凉茶。"不吃辣"真的是广州饮食习惯中的一条底线吗？广州"不吃辣"的印象又是怎么形成的？

但事实上，如果说广东人都不吃"辣"、广东饮食

"不喜辣也无辣"也未必准确。

在中国的省份中，有人经常提到一个比喻，"东北三省都是一个黑龙江省，广东省则是三个省"，意思是说，黑龙江基本上代表了东北三省的习俗和文化，但在广东省，很多地方是方言各说各的，城市性格各有各的，而地方饮食，也是各做各的。

岭南临海、背靠大庾岭，在交通极不发达的古代，复杂的地形地貌可以说是不同地区交流的天然屏障，来往颇为不便，这种封闭性让各地的饮食一直保持着地方特色，而缺少融合。如原汁原味的湛江菜，咸、辣、香、酸的南雄菜等。

通观中国大地，岭南的饮食差异之大也是极为少见的，最终荟萃成声名鹊起的粤菜，可谓"等闲识得东风面，万紫千红总是春"。

自汉代以来，广东因移民的迁入而一步步形成三大民系："广府源头出珠玑"的广府人、"过江入八闽，展转来海滨"的客家人和从福建迁入的潮汕人。体现在对粤菜的影响上，也就形成了粤菜的三大主要组成部分：广府菜、客家菜与潮汕菜。

这其中，"世界美味在中国，中国味道在广府"，当然，最贴近"粤"字的，便是广府菜。清爽脆滑嫩，煎焖炖炸煮，广府菜也是离辣最远的，外界之所以形成"广东不吃辣"的印象，可能与此也有关系。

广州古称为番禺，从立城开始的两千余年间，城市中心始终不曾变迁，为文化的集中形成提供了基础条件。广府菜最初便是广州菜，其历史，几乎与岭南的历史一样长。

当年，秦军分五道平定岭南，汉武帝征战平定南越，在平战中被留下的流民与朝廷从中原派来的民众，沿西江而行，一部分去了苍梧（今梧州），一部分则到了番禺。这是岭南移民的开端，也是岭南食物与中原烹饪的第一次融合。正因此，中原的饮食与广州菜是相通的，大凡有中原人到此，多是吃得惯的。

古人从中原、西南等地入粤，多循水道而进番禺。番禺三面有山，河网纵横，催生飞禽走兽，雨量纵横，氤氲潮湿，滋养林草佳果，一面临海，尽得水产之便。可以说，在古代的全国城市中，番禺是食材来源最为丰富的地区之一，是"广东人什么都吃"且用料奇杂的源头。除了鸟鱼外，更出现让外地人瞠目结舌的吃虫、吃蛇的传统。

现在，广州的大小店里，仍旧保留着"水蛇羹"这一美味。一碗水蛇羹，一碟蚝油生菜，其汤色奶白，其肉晶莹如玉，时常与鸡丝、秋菊为伴。菊香清冽，蛇肉香滑，被认为不可多得的美味。"秋风起矣，三蛇肥矣，嗜蛇者，食指动矣"。这道菜多在秋冬之际，蛇在冬眠前将自己喂肥，其味上佳，与中原常在鱼贴秋膘后食用，是一个道理。

吃蛇，原本是越人的习俗，一来是肉类的补充源，二来"慢带蛇长五、六尺，粤人取以供膳，云能辟瘴去疯"，

食在广州第一家——广州酒家

是指在瘴气云集的岭南，蛇肉能祛瘴毒。这类风俗是因地势而生，及至中原人进驻也未曾改变，反而结合了中原带来的"食不厌精，脍不厌细"的风气，将其发扬光大。

对广州菜而言，食蛇是时令菜，而"时令"是广东菜在用料上的特点所在。

食材丰富与否直接影响着对食材的挑选程度，正如春韭夏苋、秋冬食蛇一般，广州菜里多是吃清明的海虾、秋天的鲤鱼与隆冬的鲈鱼等。哪怕是蔬菜，也要选部位选时节，要选最甜的菜心、最鲜嫩的枝丫，所以，在广东多数酒家里，菜单下方都会有那么一两道固定时节提供的菜品。

要保留食材之鲜、之嫩，就要求不能让调味品遮盖了原味。广州菜里的"清、鲜、嫩、滑、爽、香"之妙说的便是这个道理，比如，最出名的白切鸡，就是用开水浸熟之后，再佐以姜丝与盐来调味，其肉洁白，其皮滑嫩，是广州最出名的鸡的做法。

除了对调味的克制外，也不能让火候破坏了食物的鲜美，这便出现了"猛火、中火、慢火和微火"来针对不同的食材进行烹调。唐朝时，便有时任广州司马的刘恂在《岭表录异》记下了岭南烹饪技艺的高明，指"民间能运用煮、炙、炸、焦（蒸）、炒、脍、烧、煎、拌等多种烹调方法，并因物料质地不同而辨物施用"。

在中原儒家思想里，孔子有"八不食"思想：食饐而餲，鱼馁而肉败，不食。色恶，不食。臭恶，不食。失饪，不食。不时，不食。割不正，不食。不得其酱，不食。沽酒市脯，不食。今天回过头来看广州菜的这些美食哲学，与孔子的思想也是相通的，大概是孔子思想在早期流入了岭南。这不由得让我们感慨，儒家思想在这个起初的边缘之地不仅熏陶出礼仪，还在饮食文明中被完美地继承、弘扬。

回顾历史，从第一个统一中国的封建王朝秦朝为始，到清朝末年，国家历史基本上就是接二连三的"你方唱罢我登场"的王朝更迭。兴衰有数，王朝也有数，我们无法来评判王朝历史的对与错，但中华文明就是在这一场场王朝更替和民众迁徙中不断流变、融合和激荡出新的变化。

广州饮食也正是在这种不断更替和融合中丰富着自身的谱系，奠定着自己的基础，并不断创造出新的可能。从宋朝南逃开始，汉人将广州当作躲避外族控制之地，还有外国人登岸后在广州当地通婚的记载。作为开放口岸后，广府菜开始大幅度吸纳海外元素，并形成"有传统，无正宗"的特色思维，而这种思维让"食在广州"开始名副其实。

广东旅博会期间展售的岭南广府汤

在对外对内的磨合中，第一批广府酒家诞生后，就在不断研究新的做法与新的服务，来满足顾客的需求。广府菜原以"鲜"为主，并不用酱汁等，而粤式厨师从西方的"扒类"里开始研究粤式的酱汁。从前老师傅口中的"猪不落姜、羊不落酱"说法，是说不能让生姜与酱油来破坏肉的鲜味，后也被酱烧的做法所打破，并逐步形成了"由来好食广州称，菜式家家别样矜"之景。

说到广州菜新兴形式，其中最源远流长的当算是早茶的出现了。

在广州，当你进入一家早茶餐厅时，服务员第一句话往往就会问"喝哪种茶"。茶具是已摆在桌子上的，点一包茶叶或者自带都可以。来此的广东本地人多饮用自家的茶叶，在一日之晨里享受茶水与早点。

岭南之地素有饮茶的惯例，但不同于潮汕地区多饮单丛，这里多饮用铁观音与普洱。以至于普洱茶在全国有两处最大的交易中心，其一便是广州。

广州的早期饮茶习俗是发生于家庭内部和家庭之间，倘若来了客人，便以茶相待。但随着口岸的发展，饮茶带上了明显的商业色彩，不仅是待客之道，还是谈生意的礼节。

及至清朝咸丰年间，广州出现了门口木牌上有"茶话"二字、名为"一厘馆"的小茶铺，"粤人有于杂物肆中兼售茶者，不设座，过客立而饮之。最多为王老吉凉茶，次之曰正气茅根水"。几把木桌，几杯茶，几盘点心，是现代广式酒家的雏形。而后，广州买办用红茶与糕点代替西式牛奶面包的方式流传开来，结合茶楼，就出现了"茶居"，"饮茶"也就随之变为"叹早茶"。

点心也丰富起来，供应各式咸甜干湿点心，"叹早茶"蔚然成风。旧时的茶居里以圆桌为盛，人多了就衍生出"搭台"之说，是指客人拼桌而坐，便可"开茶"，日渐从一杯茶、一餐饭变成了一种娱乐。毛泽东在广东时，便以"饮茶粤海未能忘"来赞叹。

现在，外地人每每提及广东人，一个深刻的印象就在于生活的"慢"。一顿早茶八九点起，消磨一个上午，一顿下午茶两三点起，喝着喝着就到了西风残照，一日晃晃悠悠就这样过去了，颇有"随意春芳歇"之闲适。然则，起初并非如此。

　　叹早茶，一在叹，二在早。《水乡茶居》中，叹茶是水乡人饮茶的说法，叹字是享受之意。岭南春早日长，人便得早起，原先"赶早墟"，后加"叹早茶"，甚至有人四点多钟就起，披着一身露水之辉到茶楼，要上一壶茶，两件点心，这便是如今佛山还存留的"一盅两件"传统。

　　广东人在早茶里谈天说地，相互往来，也在早茶里一家和乐，共享天伦，既可当早餐，又可当休闲，便是"为名忙，为利忙，忙里偷闲，饮杯茶去；劳心苦，劳力苦，苦中作乐，拿壶酒来"。

　　当然，现在广州已不仅仅只提供早茶了。

　　近代以来，广府菜博采众长，尤其是面点受西方文化影响较深，蟹黄烧卖、笋尖鲜虾饺、蜜汁叉烧包等层出不穷。民国期间，广州小贩沿街叫卖云吞面、糯米鸡和黄金糕等，甜品店里甜中带辣的姜汁撞奶、香甜弹牙的糖西米、奶香四溢的凤凰炖蛋和软糯粘牙的汤丸，令人应接不暇。

　　在广州西关之地，富人的要求则更高，也聚集了一批新式教育下的文人雅士，时常与外商有宴席，美国人罗伯特记下了这样一段精细至极的流水席：

"第一道是一碟堆成金字塔模样的水果，点缀着一朵小花，不同的水果颜色相映成趣。大约吃六小碗不同的汤之后，仆人们不断更换汤碟。吃完六道菜后，我们抽着喜欢的雪茄烟离开了座位，大约过了15分钟，又被邀请重新入座，第一道菜是与火腿、葱、胡萝卜等佐料一起熬成的鸭肉，刚好尝过它，第二道端上的是切成细片的鲨鱼鳍，五个碗装着汤剂，第三道菜是八角杯装着的烤成咖啡色的小鸟，另外七八个盘子盛着各式各样的菜肴，我们只能偷偷张望，品味着每道佳肴。"

很显然，在这一描述中，流露着罗伯特对极精致的广州菜的惊叹。

时代飞速发展，当年广州的形态状况，及后来的一派明媚姿容都通过饮食流传了下来。现代人的脚步加快了，广州也出现了午市、晚市及夜宵。但在晨光初明之际，细细品尝一道广州菜，依然是很多广州人生活方式中重要的组成部分，也是外界理解广州这座城市和广州人的一个独特窗口。通过这扇窗所看到的广州城和广州人，多了一份悠闲，少了很多商业，多了几分精致，少了很多匆忙，而这正是真实广州的重要组成部分，一切在美食里，而真的美食又从来都在美食之外。

东莞南社古村：
后人继述在书香

"旧时王谢堂前燕"，谢家作为中国历史上的名门望族，可以追溯的东西很多。谢氏先祖从西晋末年开始不断南渡，身为炎帝后裔的尊崇也在南迁过程中不断消耗。身为南雄司马的谢元伟曾为族人提供过一时的庇护与安稳，但蒙古军的威胁使得这个家族从珠玑巷里再次四散而迁。

及至南社古村一世祖谢尚仁在该村定居时，煊赫数个朝代的谢氏家族已近乎彻底的分散流落，而当时的谢尚仁本人，也从南雄州推官谢希良的公子变成了依靠擦鞋为生的中年人。

这个年少时的翩翩公子脱下繁复的衣袍住进马头岭山

坡的茅棚，用本来舞文弄墨的手拿起补鞋箱。但很显然，对谢尚仁而言，与生俱来的家国情怀和诗书传家的价值追求，并没有在这战火造成的颠沛流离中丢失。在南社村此后的历史中，展现的不但是一个家族的血脉传承，更展现出了一个曾经遥远的村落如何通过这里走出的英雄儿女，深刻地影响中国历史的演进。

如今的南社村，洗去了历史烟云的浮华，每天在安静中醒来，又在安静中睡去，任凭来往的游客行走、踏访、拍照、感叹古今。当我驻足于谢氏大宗祠的门前，穿行于

南社古村中心的长形水塘

村子的古建筑之间时，内心是不平静的——这个曾经封闭破落远离战乱与风云的南社村，从明朝后期开始将谢氏的辉煌重现，其中到底蕴含了什么样的家风传教、文化传承和乡村治理理念与逻辑？在新的时代背景下，已经成为景区的南社古村，除了为寻访到此的游客提供暂时的休憩之所外，还将给我们带来什么更深层次的思考呢？

今天的南社古村，以村墙为界，以中间长形水塘为中心，建筑和巷道根据自然山势错落布局，不仅体现出农业聚落的文化景观特征，而且，在安全防御上做了专门的思考。这在很大程度上印证了我们之前的论断：推进中国乡村振兴的前提之一是，对于中国乡村价值的重新发现，而重新发现中国乡村价值的逻辑和路径之一是，要从根本上承认，中国的传统村落的空间布局、道路体系和水系安排等，本身就是一种文化。

南社村的古建筑主要包括民居、祠堂、书院、店铺、家庙、古榕、楼阁、村墙、古井、巷道、牌楼等，其中，未破坏的明末清初的建筑比较多。这些建筑保留了大量石雕、砖雕、木雕、灰塑及陶塑建筑构件，具有较高艺术价值。

该村现存祠堂22间，古民居200多间，位于建筑群中心位置的谢氏大宗祠至今仍是南社宗族之间议事的总部，属三开间三进院落布局，是南社古村建筑群中最珍贵的建筑之一。其外墙下半部分的红砂岩有着传统宗祠固有的不允许人随意进出的庄重，拥有标准的朱门与高阶。

此外，百岁翁祠、百岁坊、谢遇奇家庙、资政第等，被认为是南社古建筑群中的精品。

南社村的古民居布局以金字间和明字间为主，祠堂除谢氏大宗祠以三进布局外，各家祠、家庙则是以二进四合院落形式，广府建筑风格为主，同时也受潮汕、吴越及西方建筑文化影响，由此，被研究者评价为"是难得的珠江三角洲明清古村落的典型实例"。

截至目前，南社村国家文物保护单位 10 处，这在全国村落中都是很少见的，也是东莞文物八景之一的"南社遗韵"。正是依托这些独特的历史人文资源和建筑遗存，南社村获得过"中国传统村落""中国民族优秀建筑——魅力名村"等称号。作为东莞最大的古村落，也被评为广东省最美丽乡村，进而在珠三角的旅游品牌中具有一定的口碑和市场地位。

据统计，这里每年有百万游客，香港来的不少。不过，当我行走其中的时候，一个强烈的感受是：这里并没有过度的商业化，虽然也有客栈，但在运营上都保持了足够的克制。很显然，从文旅发展的角度看，这是一个景观化的开发逻辑，而不是像很多的古村落和古镇那样，走向了商业街的逻辑，不但挤占了原住民的空间，还使得村落和古镇失去了真实的生活气息。

民居与学堂顺势潜藏进枕水而居的窄巷子里，我悄然走进其中的一条巷子，里面大多数民居并未被修缮完全，豆青色水磨青砖砌墙，屋顶为素色蝴蝶瓦面，这些位于更深处的房屋要比改造成民宿与书店的几间房屋粗糙和真实得多。也正因为如此，我们对南社村多了一些偏爱——行走其间，在感叹这些古老的建筑艺术的同时，还能够通过这些建筑和关于南社村的更丰富的人、事记载，进一步感受一个中国传统村落的历史、人文和社会变迁史，尤其是对南社谢家进行更丰富地历史探寻。

谢氏大宗祠上的对联是："随父宦以至南雄想当年冠服翩翩玉树家声荣追两晋，避宋乱而迁东莞迨四传孙曾勃勃乌鸡神梦兆报五雏"。不仅如此，谢家后人将"读书可作传家宝，勤俭如耕足水田""先代贻谋由德泽，后人继述在书香"的教诲刻在了百岁坊上，历经多次修缮仍可看到。

由此不难看出，祖上钟鸣鼎食里真正的家族风骨在谢尚仁的血液里从未沉寂，崇文重教的传统不仅从他这里得以传承，并从第六代开始结出功名与经商的丰硕果实。在谢尚仁之后，谢氏一族出过11个进士、举人和29个秀才。

光绪十七年（公元1891年），谢朝章考中进士，作为东莞南社古村最后一名进士，家族依照传统为他树立了功名碑。在谢氏大宗祠门可以看到，两排虽有破损却仍算完好的功名碑将含珠而立的石狮子夹在中间，石碑上刻着南社古村所出进士与秀才的名字，每一座保存至今的石碑都代表着一段南社村的骄傲，也彰显着谢氏家族在落脚南社以后的兴旺发达。

当然，南社谢氏所出人才文武都有。据统计，在清朝道光、同治和光绪年间，谢氏所出的八名进士为四文四武，其中官阶最高的是谢遇奇：清同治四年乙丑科中式第四十二名进士，后随左宗棠到新疆平乱，立下战功后任职总兵，回广东后又任两广提督，为表其功，为其建家庙。

遇奇家庙位于南社村东坊 47 号左侧。除却传统的镬耳火山墙，绿琉璃瓦当是更夺目的色彩。在古时，有官爵者才被允许建家庙来作为祭祀祖先的场所，因此，谢遇奇家庙也如同由朝廷所赐所建的百岁坊一样，融入了中原建筑的特征。如今成了南社古村重要的景点之一。

如今的南社村算不上大，但整个空间的古意还是让我一时间忘却了这是在东莞——南社保留了足够的安静和传统，与来之前基于东莞的想象有很大的反差——东莞是一个被改革开放激荡的地区，虽然这里也有着厚重的历史人文传承，但总抵不过近几十年快速增长的经济传奇给外界带来的冲击，"世间哪种势利无不拥有徒众，世间哪种荣华无不拥有幕宾"。

但是，就是在这个剧烈变迁的经济前沿之地，南社古村却最终成长为固执的姑娘，勇敢又温和地为东莞保留了在钢铁森林里难得一见的柔软支流。就像从水墨里长出来的清雅古旧，无论你什么时候来到这里，感受到的都是与耕读和家国有关的东方传统叙事。

这让我们想起雨果在《悲惨世界》里提到的一个对话：

"说真的，祭文大师赖格尔，你那衣服也未免太旧了一点吧。"

"旧点好，"赖格尔回答说，"正因为旧，我的衣服和我才相安无事。它随着我伸屈，从不别扭，我是个什么怪样子，它就变个什么怪样子，我要做个什么动作，它也跟着我做个什么动作。我只是在热的时候，才感到有它。旧衣服真和老朋友一样能体贴人。"

再见了，南社古村，我们的老朋友。

广州上下九：
曾经的城市繁华，永远的城市秘密

当我们到来的时候，广州市荔湾区十甫路上的陶陶居仍然处于闭门整修的状态。和很多慕名而来的食客一样，我们也不死心地看了看门上张贴的告示，同时抬头仔细瞧了瞧这栋雕梁画栋的建筑：一百多年的风雨过往爬上了屋梁，描红着翠的瓦檐在风中端庄优雅，大门右侧的"陶陶居"三字据闻还是康有为亲笔题写。

这里的陶陶居是广州第一家，人们总是更愿意相信，最老的那家店才有着最正宗的、来自起点的滋味。土生土长的老广州人，则认为这样的老店牵连着本地水土，是从小到大的味道的根，它若一直闭着门，便让人怅然若失，疑心又担忧，忧心着这属于广州的老味道会被湮灭进城市

十甫路上的陶陶居，这里的陶陶居是广州第一家

化的洪流中。

而事实上，十甫路上的陶陶居，并不是唯一让人念念不忘的老店。在广东人的记忆里，岭南最正宗的粤式滋味与魂牵梦绕的故乡味道，几乎都出自由上九路、下九路和第十甫路组成的上下九步行街。

2012年，中国邮政发行了一套特种邮票《中国陶瓷——德化窑瓷器》，其中有一枚取自明代瓷塑《达摩渡江》的《白釉达摩立像》，讲的是禅宗初祖菩提达摩在六世纪从印度东渡而来一事。

当时，东西方皆属于混乱年代，但天竺高僧达摩从笈多王朝与后笈多王朝的更迭中脱身，渡江而至东方码头，迎接他的是商铺林立、客商如云，被称为"绣衣坊"的繁华之地。位于广州的西来庵是他在中国的第一个潜修地，他所登陆的地点被称为"西来初地"，并立有"西来初地"和"西来古岸"的牌坊来对这段历史进行地理标识。

宋代时，达摩所见的"绣衣坊"便是如今的下九路，是广州西关最早的一处商业聚落。为加强南北两地运输，明初开凿大运河，修至岭南，在广州城的城东与城西挖出了两条护城河，东为东濠，西为西濠。"落雨大，水浸街"，广州城便沿西濠兴建街圩，扩建为"甫"，下九路便连甫而行，形成广州城西的商业街重心。

到了明永乐年间，朝廷又在广州、泉州、宁波设立市舶司，负责朝贡贸易。为了接待来朝贡的外使，下令在广州西关十八甫路建"怀远驿"。四夷朝贡，番船入港，商人纷至沓来，不仅使西关成为广州最大的商贸集散地，也奠定了广州在全国贸易中无可替代的地位。

如今，曾被称为"中国第一条商业步行街"的广州上下九，东起上下九路，西连第十甫西，有一千二百多米长。商铺密集，因为依然是很多广州人的记忆，哪怕是随着广州的发展，出现了越来越多新的城市地标和商业中心，这一地区在广州城市建筑和商业中依然有不可替代的地位。

中央长街从木栅栏一路往前延伸，两侧门楼下的罗马柱层层叠叠，被打扫洁净的石砖被年华掀开一角，上百只红灯笼一排排地挂在半空中。我们一大早行走于这条街上，料峭透衣，偶有运货车慢吞吞地碾压过地面，倒是几

上下九步行街上的手信特产店

辆摩托车在外侧快速穿行而过。

老店面在口口相传里建立起了口碑，两楼间的狭窄处，还安放着星子般的早摊。煮凉茶的阿公慢吞吞地开了门，包头巾的阿婆已小心掀开热腾腾的萝卜牛杂，一家专卖钵仔糕的玻璃柜里摆满玲珑剔透的钵仔糕，五彩缤纷的，包裹着红豆、椰蓉和菠萝块，让人眼花缭乱。另一家卖水果的，老板削削切切，很快就摆出了一个漂亮的花盘。步行之中，对于食物的心动被一点点勾出，再过一会儿，店面都开了，也就真成了"十步一小食"了。

在清朝，广州成为对外开放贸易的唯一口岸后，贸易额急剧增加，外国商人的目光都集中到了广州西关十三行。"金山珠海，天子南库"，无人能猜出这个垄断之地的全部底蕴。当时，商铺争相靠近码头，建筑密集且多有货仓，中国传统的砖木结构也容易成片燃烧。从康熙年间十三行成立，到其消亡的 200 余年间，十三行多次被火焚毁。最出名的一次是 1882 年的火灾，大量洋银化成银水流出，竟流出了一二里路。经此遭遇，一些小的商铺承受不住损失而撤出，便有一部分移动到了上下九步行街，也就带动了这一地区的日益兴隆。

及至第二次鸦片战争时期，十三行地区被英军驻扎，反抗激烈的广州民众点燃了周遭被拆之地，大火连天，十三行一同毁灭。当时的南海知县华延杰在《触藩始末》一书描写了这场十三行的消亡："夜间遥望火光，五颜六色，光芒闪耀，据说是珠宝烧烈所至"。

十三行的神话结束了，上下九则成了继承它的地方之一。大量商家开始在这里投资经营，形成了诸如玉器墟、酸枝家居、故衣街等商圈。

除了商家和老店让人驻足于此、流连忘返，甚至是念念不忘之外，上下九另一个显著的特征就是建筑了。上下九的建筑并非整齐划一的形态，老字号的名店都根据店主的学识、情趣修建得别具一格，每栋楼都有自己的模样和独特之处。如礼饼老店莲香楼的满洲窗框和内里古朴清雅的莲花布局，再如曾经是粤剧伶人聚集之地的平安大剧院，贴着的海报还能瞧出 20 个世纪的风韵。街面上还建造了不少新的雕塑，从头到尾地讲述着上下九的历史。当你随便走进一家店，倒一杯铁观音，透过精致的窗户与酸枝屏风，说不定就看到康有为、鲁迅、孙中山曾见过的风景了。

走在上下九路上，流光溢彩的琉璃窗是最夺目的装饰之一。临街的墙面多为贝灰和米黄，上有西方的巴洛克或洛可可装饰风格的浮雕图案。

当然，谈上下九必谈上下九的骑楼，更何况是谈上下九的建筑了。上下九是目前广州规模最大且依旧在被商业使用的骑楼建筑群，骑楼是上下九当之无愧的标志性建筑。

骑楼的初始样貌，源于印度的贝尼亚普库尔。印度的英国殖民者称它为"廊房"，意为外廊式房子。这种结合欧陆风格的南洋建筑形式最初由英国人带入香港，后来，两广总督张之洞前往香港，认为这种商民两用、前有遮蔽的房子适合岭南炎热多雨的气候，建议在广州建设"铺廊"。然而不久之后张之洞就被调任湖广总督，他所期许的"市房整齐，码头便利，气象一新，商务自必日见兴起"成了呈给光绪奏折里的、无人问津的旧事。

后来是广东军人陈炯明实现了骑楼在广州的落地，并一度泛滥。陈鼓励兴建骑楼，还将广州城的骑楼正式列入了城市管理条例之中，将其分成了七等，并由此掀开西关大规模拆除旧屋、改建骑楼的大幕。拆城墙、迁旧屋，广州城尘土漫天，一栋栋"有脚骑楼"占领了长逾四十公里的长街。

1930 年，曾任广州市市长的程天固痛斥其"无一不以资产阶级之利益为前提，而以平民生活之恶化供牺牲"，两年后，这种滥建骑楼的风气才停止。不过，至此岭南的传统建筑已毁去大半，只街道内部还残留着。步入其中，墙角青苔三四，碎花如珠，触手可及的木梁、砖瓦略带年头，和门前摆着的两三盆姹紫嫣红的花卉一起摇曳。

城市变迁，岁月留痕。旧时的西关大屋大多是砖石结构，岭南的悠闲气息弥漫其中，岁月将曾经不够精致的每一个细节都浸润得恰到好处，而这，也成为骑楼深处的秘密。就像上下九直到今天都是广州城的秘密一样。

从黄埔村到黄埔古港:
让广州的历史人文更加完整

　　按照学术界的说法,目前能反映广州外贸名城历史的遗址有南越王墓、古代船坞、南海神庙、长洲岛等,但反映 17 ~ 19 世纪广州历史开发的遗址仍很少。黄埔村则可以填补、衔接这段历史。所以,黄埔村以及由此而得名的黄埔古港,在广州城市发展史中具有特殊的历史人文意义。

　　黄埔古港 2017 年被列入南粤古驿道出海口纪念地之一。古港位于今广州市海珠区新港东路琶洲街石基村,隋唐时期已经是船舶进出广州的外港停泊地。唐代著名地理学家贾耽把此条航线称为"广州通海夷道",全长 1.4 万公里,是当时世界上最长的远洋航线。仅唐代宗年间,每年

古港遗风牌坊

到达广州的阿拉伯商船就有 4000 多艘。

　　从秦朝始，广州便是郡治、州治、府治的行政中心。海洋和珠江水道是广州水运与贸易发展的基础，南海神庙在元代之时便是广州水运的繁荣昌盛地，但其位于珠江前部的河道因狭窄而逐渐无法满足越来越多的货船通航周转所需，广州的贸易中心开始转移到琶洲一带，直接开启了黄埔港的兴盛。只不过，在当时，位于黄埔港旁边的黄埔村因凤凰落于泥地的传言被叫作"凤埔村"，黄埔港也被叫作酱园码头。

　　1685 年，清政府在广州设立粤海关，在黄埔港码头设立挂号口。中外的商船如嗅蜜而集的群蚁，船尾撞船头地将港口的贸易推向黄金年代。万艘扬帆，绵延不绝，商舶云集，中外齐聚，随后又被清朝"一口通商"的法令锦上添花地推向了"夷舟蚁泊"的顶峰。也就是从这个时候开始，"凤浦"的读音被外国船员误读成"黄埔"，此后这个名字被写在了码头，还成为中国革命摇篮——黄埔军校的名称由来。至于原来的"凤浦"的说法，如今只剩下黄埔村口金灿灿的"凤埔"牌坊来证明。

岁月总是神奇且无情，不断重复塑造着沧海变桑田的地理和经济兴衰。在广州的港口变迁中，就像南海神庙经历了其历史周期一样，黄埔港也同样在兴衰的历史轮回中重回宁静，泥沙淤积，河道堵塞，古港迁至长洲，广州的现代贸易开始与这里说再见。

不过，黄埔村和黄埔古港的故事并没有完全结束，今天的这片土地，正在经由另一种方式重新找回自己的复兴。这里成为广州著名的旅游休闲之地，经过不断地改造和新的运营资源导入，文化创意产业开始在这里生根发芽，从而将这片土地带入新的绽放周期。

底部刻着帆船出海图案的指示牌告知着车子不被允许进入。步行绕过它之后，就像突然闯入了一段旧时光，与安静一起扑面而来的，还有厚重的历史感。岔路口在一堵墙的前方，黄埔村的入口与曾经的黄埔古港则是岔路口的两个方向。

在黄埔港口岔路前方坐落着一座三门四柱式"古港遗风"的牌坊，其后便是"粤海第一关"陈列馆。

粤海第一关

　　我们选择先到传说中的黄埔古港看看。江水平静但漾着微波，一艘尾部绘有斑斓彩画的红船停在江面上，石砌的候船码头的台阶上依然显示出久经历史风雨的厚重和古朴，两座古碑相对而立，一棵大榕树枝繁叶茂。

　　"这就是黄埔古港了！"我们不由得在内心轻叹。

　　沉积在河底的泥沙已经埋葬了这一水道曾经的盛世繁华，不过，这并不影响我们沿着黄埔港的兴衰对旁边的黄埔村的故事进行一番探寻。而且，就像所有的海洋经济和港口变迁一样，在黄埔港和黄埔村之间，也有着精彩而丰富的互相成就的历史渊源，共同谱写了广州城的一段历史人文地理读本。

　　黄埔港与黄埔村紧密相连，从默默无闻到靡丽光辉，始终连成一体。作为曾经的广州触摸世界的最前沿，是黄埔港的开放让黄埔村人才辈出。而这些一度深刻影响中国历史进程的黄埔村人，也让黄埔村成为具有历史性意义的中国古村落之一。

很多时候，人们总会轻易地相信大城市是最开放和最包容的地方，但在真实的历史演进中，领开放之先的地方却很可能是小小的港口和安静的村落，而被这些港口和村落改变并在更大程度上改变这些港口和村落的首先是人。

其中被黄埔村记录在册的人就包括梁诚。他的曾祖父梁经国是被誉为"金山珠海，天子南库"的广州十三行之一天宝行的创始人。年少时对黄埔港盛况的目睹不仅让梁经国很早就开始学习洋务，极富经营头脑的他用打下的基业在黄埔村兴办教育，其留下的房份祠堂——左垣家塾是黄埔村里唯一与十三行有关的建筑，是十三行辉煌的侧面见证。

梁诚是受家中资助而考中的第四批留美学生，归国之后成为外交官，最终为中国讨回一千余万庚子赔款，该款成为如今的清华大学的前身"清华园"的建设费用。这些荣耀随之被记录在黄埔古村保存至今的梁氏宗祠里。

这并不是个例，与岭南大多数一家独大的宗族氏古村不大相同，黄埔港公平地将发展的机遇摆到了所有人面前。敢闯出去的人为后世子孙挣得了通往更遥远未来的资本，并为自己家族的兴盛填上一把土。

继梁经国之后，黄埔村多有子弟出外经商，走出国门者也甚多。其中，被称为"黄埔先生"的胡璇泽随长辈前往新加坡，后身兼中、俄、日三国驻新加坡领事。而冯氏中投身广东海军又倾向新革命的冯肇宪，则在永丰舰上浴血奋战 55 日保护孙中山。

在闭关锁国的清王朝里，这个伴水而生因水而荣的港口与村落站在了看世界的前列，所培养出的子孙也走向了更远的地方，也可谓是中国村落历史上亮丽的一笔了。

当然，这种发生在黄埔村的开放，也并非没有任何防备的开放。更丰满的事实是，黄埔港的繁盛带来了与东方截然不同的文明，黄埔村也形成了供黄埔村人使用的黄埔直街和为来往商户提供场所的海傍街的东西两市，村民挖出的护城河是一条保护古村不受侵扰的安全带。

如今，这两条街被完好地保存下来。步入其中，青石板铺就的主道干净平整，棋盘式巷子与里弄的分布一目了然。不过，今天的黄埔村再也不用通过一条护城河来刻意寻求宁静了，就像今天的广州和中国一样，黄埔村已经进入了全方位的开放时代和开放格局，无论从空间上，还是从思想上，都是如此。

今天的黄埔港在 2006 年为迎接"哥德堡号"的来临做了一些修缮，但新旧之间仍然显示着较多的和谐共融，并没有产生太多的违和感。这一方面与修缮工艺对历史的敬畏有关，也与整个黄埔港连同黄埔村在历史上未遭受过毁灭性的损毁有关。

谈到黄埔港和黄埔村的保护，就不得不提到这里的一个传说。冯氏冯佐屏在日本求学期间娶了一位与日本皇室有关的日本女子，夫妇二人归国后居住在黄埔村。日军侵华期间，来到黄埔村，生死存亡之际，该日本女子高举一把由日本皇室赠予的宝刀面向日军。日军跪而后撤，再未侵扰黄埔村。

如今，这位传奇般的女子已不在人世，但冯佐屏为解她思乡之情所建造的日本楼却成为黄埔村的地标性建筑之一。在一众岭南特色的镬耳屋里，外表干净利落的日本楼可谓是一个颇具异国风情的存在。

严格来说，黄埔村惇慵街 8 号的日本楼是一栋中外结合风格的建筑，青砖麻石，上下一色。主楼两侧是具有江南特色的滴水飞檐的望楼，大门如钟，上刻一轮明显日本风格的太阳浮雕，两层楼约有 800 平方米的居住面。

从黄埔港走入古村庄，从装饰繁复的宗族祠堂到干净利落的日本楼，不仅有明显的时光穿梭感，亦有明显的地域和中外文化的转换之感。这与日本明治维新之后，部分黄埔村村民赴日的潮流有关。

1900 年，尚还年轻的冯佐屏正是从黄埔古港登船远赴日本，此后也是从黄埔古港登陆回到自己的故国故土。这一去一回，不仅完成了人生转折，更为自己和黄埔村纳入中国大历史的叙事提供了可能。

历史总被雨打风吹去。如今的黄埔古港和黄埔村已经不复其巅峰时期的喧嚣与热闹，在经历了更丰富的家国历史变迁后，多个时代的痕迹在这里若隐若现，让这片土地既具有黄埔港和黄埔村有关家族和个体的命运变迁色彩，也具有广州和中国大历史的时代变迁色彩。比如，在黄埔村建筑的外墙上，还有几处革命的标语清晰可见，为了抵御外敌而修建的城墙上剥落斑斑，鲜红的毛主席语录依然可见。

　　截至今日，黄埔古港和黄埔古村从广州的黄金航运时代到共同被划为历史文明景区，一直浑如一体。相较于大多数历史遗址，这里已经被摄影基地、博物馆与多家手工商品店巧妙地利用起来。地道的艇仔粥与姜撞奶保持了原来的价格与味道，在巷道里与优雅的时光相伴。

　　护城河、老榕树、充斥着地域色彩的结尾为"弄"或"里"的道路名称、风格多样的古建筑，传统和历史是这里的主体风格，但新建的房屋也在不断出现。不过还好的是，这种新旧更替依然在很大程度上保持了像黄埔港上矗立的石碑一样的稳重和冷静，让我们这些外来的访客乘兴而来，乘兴而归。

　　远山如黛，落日在这里显得格外壮美，鲜艳饱满得像是在枝头被剖开一半即将滴落下甜蜜果汁的橙子。村子里的灯明暗不一，虾仁肠粉被淋上酱油端上桌子，混着牛杂的香气一阵阵飘来。

我们沿河而走，再次坐在黄埔古港的石碑前。左侧是广州最出名的地标性建筑广州塔，右侧也能清晰地望见广州万胜围的高楼大厦。夜色里，河面琉璃如镜，远方星星点点七色转换。广州城里，万家灯火如漫天繁星洒落，回首后望，黄埔港静谧昏黄，唯江风灌满人间。

　　这是何等的神奇，今时与故事同期上演，一面是以中国经济先锋之姿开放奋进的城市，一面是留守骄傲与宗族遗风的港口古村。这让我们又想起手工店里被涂抹上花色的藤编，画面中江风永无止尽，古村港口的水花也始终盛开。

汕头小公园：
不仅是城市的记忆，还是华侨的乡愁

　　要了解汕头小公园的历史和价值，就需要首先了解汕头这座"百载商埠"的历史，当然，要想了解汕头这座城市的历史，小公园也是一个不可回避的存在。直到今天，这里都是纪录和呈现汕头城市发展史的最重要的一个片区。历史上，这里被认为是汕头城市的发祥地，现在，这里是汕头这座"百载商埠"的历史标志，还被认为是中国开埠的 34 个城市里至今唯一保存完好的开埠区，小公园的价值由此也可窥知一斑。

　　我们对汕头小公园的寻访，是从汕头开埠文化陈列馆开始的。据记载，这座建筑始建于 1907 年，在民国时期先是台湾银行汕头支行，后来曾是报馆旧址，新中国成立后是汕头日报的社址。建筑的外观显然是经过修缮的，内部的建筑构件都还是当年的原物，从细节能看出是十分考究的。

展厅里陈列的不少文物，展示了汕头开埠后的历史进程，让我尤其感到惊讶的，一个是《潮音圣经》，这部《潮音圣经》独特之处在于用罗马文注释潮汕音，由此可以看出当年西方传教士为了在潮汕地区传教，显然是做出了巨大努力的；另一个是恩格斯在《俄国在远东的成功》中提到的，汕头是《南京条约》继五口通商之后"唯一有一点商业意义的口岸"，后来这篇文章在《纽约每日论坛报》上刊登。

三江入海，依海而立，汕头位于韩江三角洲南端，其汕头港是韩江、榕江汇合入南海之地，从古时起便是粤东、赣南和闽西南贸易来往的进出口岸，被誉为"岭东门户、华南要冲"。从南宋开始，汕头的樟林古港便是盐业的中心地。

在第一次鸦片战争中，汕头虽然不在"五口通商"之列，但被认为是一个背后博弈很激烈的地区，传教士与外商一批批涌入，到第二次鸦片战争时，这里已经是一个贸易兴旺之地了。而且，在恩格斯看来，这里的"商业意义"较之其他地区，有过之而无不及。

恩格斯发表言论时，第一次鸦片战争已结束 17 年，汕头外商如云，汕头港的妈屿岛上还有粤海关所设的潮州府海关总口。而正在进行的第二次鸦片战争中，清政府已分别与英、法签订《天津条约》，汕头成了新的通商口岸。

显然，这个陈列馆也为我们认识小公园的历史人文提供了一个很好的窗口，更何况，这个陈列馆本身也是广义的汕头小公园的组成部分，我们对小公园以及汕头这座城市的探究就这样开始了。

"四永一升平，四安一镇邦"，是现如今过半百的汕头人都还会记得的一句话。其中第一句点出的是永安、永和、永泰、永兴街和升平路，后一句则代表了怡安、棉安、万安、吉安街和镇邦路。这十条街，共同构成了国内外都很少见的汕头老城的放射状路网结构。

不像大多数城市平直的城区路线，这里缠绕盘桓、千节百扣，是全国乃至全球城市中少有的环形放射状的路网结构，从地图上看就像一个体盘偏窄的海星，每一条通往外界的路都被做成长长的圆弧，人们走着走着就会忘记方向。更为独特的是，这个地方还是全国唯一呈放射状格局的骑楼街道，也是中国大陆面积最大的一片骑楼群。

沈陆澄在《汕头市小公园历史街区的传统风貌特征》一文中指出，"这种以放射形设计而称道的严谨布局在国内外城市中并不多见，是结合汕头自然地形向西南沿海不断推进而逐步演变改造而成的结果"。

而且，条条道路通码头，既是终点，又是奔向海洋的起点。所以，研究者认为，小公园放射状的路网格局，正象征着海纳百川、开放包容的海洋文化特点。

在路两侧，骑楼连甍接栋，大多三到四层，雄伟壮观，轮焉奂焉。一层是商铺，有时租借给旁人，有时是自家的生意。门前，两道西式石柱牢牢撑起整栋楼，檐部上刻有循环纹路。往上几层是居所，紧闭的窗框里填满彩色玻璃，窗沿上下饰以莲花雕、雄鹰雕和山水等镂空雕，往往还代表着此家主人的志趣和品味所在。

汕头小公园区有几千座骑楼建筑，其中大部分都是侨房。

洋务运动与维新运动中，兴办实业在汕头如火如荼，工商业的迅速发展使得 20 世纪 70 年代，第三次大规模的移民中，无数潮商背井离乡，去往海的另一头，去寻觅下半生可以大展拳脚的空间。

从被称为"卖猪仔"诱骗出海，到主动出海、赤手空拳打下一份基业，再到潮商在海外的声名远扬。回到本土的潮商在汕头埠等地斥资兴办实业，用自己的家业来促进潮汕地区的发展。时至如今，他们当年所创办的侨批局遗址，还留在汕头的土地上并被使用。

《汕头市小公园历史街区的传统风貌特征》一文指出，小公园能够在 20 世纪 20 年代末到抗战前夕全面建成，汕头政治环境相对稳定、经济迅速发展是背景因素，而侨资在建设中起了主导作用，约占总投资的 2/3，建侨房 2000 多幢，而且是成街成坊地进行建设，这是保证小公园能够在当时特定的历史时代背景下高起点规划和高标准地进行建设的重要经济支柱。

在这群珍贵的历史建筑群中，最出名的应当是骑楼群中心的"南生百货大楼"。

"以前那栋大楼的外墙是白色的，后来为了追求欧式风格，涂成黄色了。"一位正在画画的店老板，指着对面被脚手架隔绝起来的南生百货大楼轻声感慨。

南生百货大楼的第一任老板是印尼华侨商人李柏恒。他出生于广东"华侨之乡"——梅州。700多年前，梅州华侨的命运是借由水路与汕头相连的。那时候，多数梅州人取道梅江、韩江水路直达汕头海港，少部分由珠江水

骑楼群中心的"南生百货大楼"

域出洋，进入中南半岛各国。鸦片战争后，张裕酒创始人张弼士首先回国兴办企业，并支持兴办粤汉铁路、广三铁路，此后印尼华侨纷纷归国，李柏恒是其中之一。

南生贸易公司（百货大楼）的原地址在振邦街，后来小公园商贾云集，李柏恒便集资在此购地重修。在汕头人记忆里，里面装着彩色地砖和西洋哈哈镜，还有汕头第一架电梯。"顾客盈门，应接不暇"，其在汕头百货贸易中执牛耳，一直延续到20世纪80年代初。

南生百货大楼是一栋气派巍峨的七层骑楼，是当时汕头商埠第二高的楼。第一高则是位于汕头邮政旁的永平酒楼旧址，是中西合璧的八层钢筋水泥建筑。1925年时，周恩来总理来到汕头，出席了在永平酒楼举办的苏联十月革命胜利八周年大会，并在大会上发表演说。现在这里更名为汕头大厦，亦是小公园引人注目的一角风景。

我们走在小公园，一栋栋骑楼风格百异，精致的洛可可纹、中式木雕、砖雕和穹顶轮廓极尽华丽、细节丰富，纵然被丛生的枯槁痕迹掩入墙缝，也掩不去融入汕头的文明和骄傲。

只不过，让我们多少有些感慨的是，街巷悠长，条条里弄，几经岁月的变迁，定居国外的华侨没有为它们写下回忆录。门窗里锁了近代汕头的商埠风云不再为人所知，楼阁的风骨犹在，但这种历史成为过往后的安静，又的的确确表现出一些没落感。

在街道外侧的多数骑楼，都被脚手架包裹在维修状态里，再往巷子里走，就能看到其被抛弃在时光深处的模样。鸟鸣和不知名的馥郁香气让它的破旧一尘不染，汕头话从开着门的人家里传出来，门前花草里的絮絮低语如穿过弄堂的风。流年东逝，没有钥匙，轻扫一段尘灰，并不能听到老房子的叙述声，但这一切已经开始了一个新的被唤醒的历程。

李清照在一滴泪和一杯酒里念着"故乡何处是，忘了除非醉"。古往今来，中国人骨子里对于故土的眷念从来不曾改变。这种奇迹般的情感，突破了时间和地点的枷锁，从儿时的歌谣和眼泪里堆叠得越来越高，只待"回家"的那一刻，方喷薄而出。

这也许正是华侨从海外满载新的文化与学识而归，却仍坚持要在房屋的每一处角落里，加上旧时讲究的原因。

在关于李柏恒的资料中，大多是商界计谋。人们铭记着他的成功，却难以寻觅他从前的奋斗历史。南生百货大楼是他的荣光，也是他成功的见证。在这样的建筑上，人的故事跟建筑的故事总是不分的。

南生百货大楼迁址后，众多商户随其而动，使得这一片成为汕头贸易最兴旺之地，而真正属于小公园的故事才刚刚开始。

在汕头小公园历史文化区，狭义上的小公园，其实是指 1933 年前后建设的，"有假山、喷水池，树有'万国来朝'牌"的小公园。

这里埋藏着一个商业上的往事。

当年，南生百货大楼与汕头城区形成了双赢，源源不断的财富涌入这栋七层的高楼。彼时，"资本主义经济史上最持久、最深刻、最严重的周期性世界经济危机"在美国爆发后，席卷整个资本主义社会，而中国却在北伐战争胜利后，进入了相对和平的发展时期。在香港、广州等地取得成功的香港大新公司闻风而动，想来分一块蛋糕，还派专员来测地规划，意欲在小公园建楼营业。这一消息很快惊动了汕头大小商户。

香港大新公司的老板名为蔡昌，是广东香山县的澳大利亚华侨，其所建立的广州大新大厦当时是华南最宏伟、最华丽的百货商店，实力雄厚。李柏恒意图阻止大新来汕头竞争。时任绥靖公署秘书的杨幼敏便为他出谋划策，决意以"缅怀孙中山先生三莅汕头"为由，往上提交了一份建亭报告。

最激烈的商战往往是悄无声息的，大新退出，放弃汕头商区。而次年，琉璃屋脊、碧色亭盖的"中山纪念亭"就在各方的摊派集资中，立于小公园最中心之地。在汕头人的记忆中，"条条大路通罗马"在汕头城的大街小巷，变成了"条条巷弄通纪念亭"。

老一辈的汕头人，生于斯、长于斯，人们在这里听戏、纳凉，在他们心中，这里是汕头的地标，是藏着小时候嬉闹回忆的胶囊。但是，哪怕是所有汕头人记忆中的乡愁的建筑，也难免会在政治和社会的变迁中遭遇损毁和重建的历史轮回。

中山纪念亭最早建在 1934 年，后在 1969 年的动荡中毁于"破四旧"。现如今这座寄托潮汕华侨乡情的纪念亭在 2016 年修复，"修旧如旧"，其使用的缅甸柚木有"千年不腐"的美誉。

今天，来往的人总要停留下来拍照，坐在亭子中央，四顾骑楼。卖凉茶的店和卖柠檬汁的老板都坐在躺椅上，这里是他们的根，也是汕头的根。这里几乎每家店都是老字号，品类繁多的潮汕小食店，有卖糖葱薄饼的，有卖甜咸难分但是姿色甚美的红桃粿的，还有卖香浓诱人的牛肉干的。

往往看上去不起眼的店面，走进去却别有洞天，这里没有地道不地道的说法。与华灯下的商圈相比，这些仿佛 20 世纪初就挂上去的牌匾是汕头保留下来的"百载开埠"的最后记忆。

道路老了，建筑也老了，但它们都无须被放入博物馆。百年风云在头顶远去，汕头的时光却未老。每一间老店都是汕头的回忆，建筑和道路都是它的容器。平静被打破，迎来屈辱，迎来荣华，而今城市在愈发紧张的节奏中褪去旧壳，它守着回忆安详成岁月里的那一抹百合香，这香来自远方，也飘向未来。

江门小鸟天堂：
不仅是自然生态，更是历史人文

　　在去江门小鸟天堂的路上，我们仿佛是去奔赴一个旧日的约定，这个约定，已经被成长加了一层模糊滤镜的光影，但从看到这个名字的那一刻开始它便从记忆的尽头被翻找出来，一点点地还原出稚嫩的向往。

　　和很多人一样，之所以知道这个"鸟的天堂"，是因为小学课本中巴金先生那篇名为《鸟的天堂》的散文。文中写道："起初四周非常清静。后来忽然起了一声鸟叫。朋友陈把手一拍，我们便看见一只大鸟飞起来，接着又看见第二只，第三只。我们继续拍掌。很快这个树林变得很热闹了。到处都是鸟声，到处都是鸟影。大的，小的，花的，黑的，有的站在枝上叫，有的飞起来，有的在扑翅膀。"

　　这对于童年的我们来说，真是一个灵动和奇妙的场景。《诗经·大雅·卷阿》里说："凤凰鸣矣，于彼高冈。梧桐生矣，于彼朝阳。"翻译成脑海中的画面大概就是：神话里栖在梧桐树上的凤凰不肯踏足尘世，只在如雪如雾的无边云霞里啼出一日内第一声清丽的凤鸣，数不清的鸟儿追寻万鸟之皇从遮天蔽日的树冠上冲天而起，千百样的翅翼拍打升高，汇成浩浩荡荡一往无前的朝光，飘去东方的三十三重天和西方的天堂。

　　如果在真实的世界中，能够近距离观看到万鸟齐飞的场面，怎么能不震撼呢？更何况，"小鸟天堂"还是1984年因巴金先生亲笔题写而得名——成年以后，奔赴一个在小学课本中读到的地方，看一看文中描述的场景，这种感

小鸟天堂

觉总是难免让人有点莫名的激动。

很显然，变化是很大的。1985年后，这里不再是课文里随意撑着一篙就能靠近的"独木成林"，而是变成了被木栏和石碑小心围住的鸟类生态保护区的核心区域，入目的景象与课文里的模样已大有不同，相较于之前，多了一些观鸟的基础设施。

浓绿的天马河的河水载着木船平稳地驶过榕荫水道，陆上与水中俱是大的像磨盘、小的也比得上汽车轮胎，而且根系缠绕得如同鸟窝一样的榕树气根，这棵著名的榕树的树冠并不高，但绝对是我们看到的最大的一棵榕树，就像很多人的观感一样。如果不是提前了解了这棵榕树的背景资料，也绝对不敢相信这是一棵榕树。我们来到的当日，适逢下雨，看着雨中的榕树，想象着，如果从高处看，应该像是大朵大朵地开在青色里的绿澄澄的"喇叭花"。

密集的鸟鸣还在，这清越的鸟鸣声，无处不在又动听无比。不过仅仅是鸟鸣，唯有很仔细看，或将镜头放大后才能从树杈间一睹这些停留的白鹭的身姿。

1992年，大英博物馆破例展出吴冠中的巨幅彩墨新作《小鸟天堂》：凌乱的线条中用青蓝色在灰黑色的树影里点缀出或明显或隐藏的小鸟。事实上，小鸟天堂里的鸟多属鹭科，体型并不小。吴冠中在寻访小鸟天堂的时候，一开始并没有与太多的小鸟谋面，笑称自己上了巴金的当：因为夜鹭会在傍晚离巢，白鹭等大多数的鸟类则在这一时间归巢，在其余的时间内很难遇到万鸟齐飞的场面。

但游人的惊喜声还是响起在一群白鹭展翅的时候，将我们从巴金和吴冠中的那段故事中抽离出来。数不清的鸟从榕树丛里斜着翅膀往上往前展翅，如同一张绣满了白色茉莉花的网纱被突兀地抛上天空。它们伸直了细细的腿与爪，两片洁白的羽翼用力张开，这矫健如行云流水般的飞行，一时间，让我们感觉像是闻到了飘浮在空中茉莉花的清香，这清香不仅让人心旷神怡，还给我们不少白色纯洁之物的仪式感。

"我的眼睛真是应接不暇，看清楚这只，又看漏了那只，看见了那只，第三只又飞走了。一只画眉鸟飞了出来，给我们的拍掌声一惊，又飞进树林，站在一根小枝上兴奋地唱着，它的歌声真好听。"

当年，还是青年的巴金，虽然已经开始了自己游历全国的旅程，但看到这"鸟的天堂"还是着实"惊喜"了一番，并为这好听的鸟的歌声所触动，以至于写就了一篇中国散文佳作。

今天，我们带着想象和预期甚至是满怀期待地寻访着，虽然早就做好一睹万鸟齐飞和现场听闻婉转鸟鸣的准备，但是，当真的惊起鸟鸣一片的时候，最大的感受依然是和当年的巴金一样，充满了"惊喜"。也像当年的青年巴金一样，当我们的船游离这个鸟的天堂的时候，"我还

充满了"惊喜"的万鸟齐飞现场

回过头去看留在后面的茂盛的榕树。我有一点的留恋的心情"。

从船上远望过去，小鸟天堂更像一朵遮蔽了半个天空的硕大的"绿蘑菇"。自然界美丽的蘑菇大多有毒，但天马河的这一棵已从明清至今滋养过无数的鸟与人。是谁带来了这棵水榕树的树种？还是哪一只飞越江门的鸟遗落了它的食物？没有人说得清。

具体来说，小鸟天堂位于江门市新会区的天马村天马河的沙洲上。就像中国很多的神奇之物都与民间传说和信仰密切相关甚至是相伴而生一样，小鸟天堂这棵大榕树的故事自然也有着天马村当地人的版本，而且，在当地人的版本中，自然与天马河相关。

根据当地人的传说，天马村的历史至少开始于明朝。明万历四十六年，因为村里人口持续增多，饮用水不足，村民们便在村前挖了一条河叫"天马河"。但不幸的是，这条河不但没有给村里带来繁荣，却连续几年灾祸不断。后经一位风水先生指点，在河中堆起一个沙洲，又有一村民在沙洲上植下一株榕树，后来该榕树长成了大榕树，并引来无数鸟类在这里繁衍生息，最终形成了"鸟的天堂"。

当然，真实的历史可能另有版本，但天马河的出现与天马村乃至新会地区的人口集聚、社会变迁和经济兴衰应该是有一定关系的。不仅如此，如果继续探究小鸟天堂的形成就会发现，在江门地区以及岭南地区，大的榕树有很多，甚至长在河道沙洲上的大的榕树或者榕树群也很多，那么，为什么只有天马村天马河的这棵大榕树成为鸟的天堂？这背后与当地人对鸟的信仰有什么关系？以至于我们现在无法确切地知道，在天马村是先有鸟的信仰才有了这鸟的天堂的奇观，还是先有了这鸟的天堂，才有了周边地区的关于鸟的信仰？

明朝时，棠下石头村的陈琎以身殉国，后其孙陈守常在 500 余年前，从蓬江区棠下镇石头村迁移到新会。天马村内有一"务本堂"，其上对联称"务接石头传九代，本支天马昌百世"，以此点明天马村陈氏宗族的来历。

如今，小鸟天堂景区内的树木上挂着色彩鲜艳的木质鸟屋，像一片片挂在树梢的鲜明亮丽的云彩。陈氏家族的先人认为，小鸟是神来之物，从而将那些在人类想象中张开翅膀就能越过闪电与风暴的鸟神化入天马村的信仰。《陈氏族谱》中加入了不准捕捉小鸟，不准杀生，不准破坏榕树周围的环境的规定。至今在天马村还留着的部分古老民居上还能看到刻有鸟的图腾。

不仅如此，观鸟长廊后的石子路旁，是登上三楼便可俯瞰整个景区的观鸟楼。那原本是华侨捐赠的天马村天马中学的教学楼，后来因为景区规划而废弃。

像这样的建筑，在依水而居的天马村还有许多，碉楼、洋楼随处可见。江门是"华侨之乡"，包括天马村人在内的那些从江门走出去的华侨们，在异国他乡开创了自己的事业，然后开始将外部文明的符号带到了故土。

江门人梁启超曾说："海也者，能发人进取之雄心者也。陆居者以怀土之故，而种种之系累生焉。试一观海，忽觉超然万累之表，而行为思想，皆得无限自由。彼航海者，其所求固在利也。然求之之始，却不可不先置利害于度外，以性命财产为孤注，冒万险而一掷之。故久于海上者，能使其精神日以勇猛，日以高尚。此古来濒海之民，所以比于陆居者活气较胜，进取较锐。"

梁启超所说的"濒海之民"当然也包括江门天马村人，他们曾进取于海内外，但也从未忘记故乡的传统信仰。天马河的水日复一日地流淌，大榕树年复一年地长大，天马村的人依然视小鸟为神化之物，并守护这鸟的天堂的周边的生态环境。

所以说，与其说这小鸟天堂是一个自然生态景观，还不如说是一个历史人文景观所在，这种关系也是人文、社会、自然之间的一种神秘而普遍性的存在。这也是我们本次寻访小鸟天堂后所得到的，甚至比巴金先生当年更加丰富的发现。

深圳较场尾民宿小镇：
自发性生长的故事

　　在来到深圳较场尾民宿小镇之前，虽然我们在网上专门做了一些功课，看了不少关于这里的民宿的照片，阅读了不少民宿的故事，但是，真的来到这里的时候，还是被一个个设计感十足、风格各异的民宿院落震撼到了。与全国很多地方的民宿一样，多具有明显的文艺风和书香气，除此之外，还不时地体现出海洋文化和西洋之风，也算是对在地文化的一种遵循了。

　　关于中国民宿业的发展，最为出名的当是莫干山。但第一个喊出直接转型做民宿小镇的应该是这里了。从2008年第一家民宿开业，经过十年的发展，这里的民宿无论是数量，还是创意品质，都颇具代表性，在中国民宿地理分布中，应有一席之地。

而且，正是民宿业的发展，让深圳较场尾这个原本只有 300 名本地村民的小渔村，成为深圳乃至面向粤港澳地区著名的乡村旅游目的地和滨海旅游度假之地。在 2015 年的时候，这里每年的游客量就超过了 90 万人次，每年民宿餐饮业的直接消费额就超过了 5 亿元。

这样的收益规模虽然相对于深圳的经济体量来讲几乎可以忽略不计，但是，在国家和广东大力推进乡村振兴的战略背景下，较场尾民宿小镇的案例，还鲜明地体现着城乡融合发展和通过民宿经济的发展活化和复兴在地文化和乡村文化的实践理性。

我们从深圳乘车而来，在这里度过一晚，立在海边，听海浪拍打着海岸，看着远方的星星闪烁，传统渔村、都市休闲、文化旅游、乡村振兴、民宿小镇等，这些关键词一时间让我强烈地感受到一个与外界对于深圳的普遍认知完全不同的深圳：这里是深圳，只不过是深圳的另一面。

关于深圳的城市发展，几乎所有人都知道的故事版本是：因为搭上了改革开放的春风，从一个无人问津的小渔村快速成长为"世界的中国城市"。在这个故事中，很长时间被忽略掉的小渔村之一就是地处深圳大鹏半岛的较场尾。

较场尾位于深圳最南部的大鹏银滩路东与龙旗湾之间的一段海域，也是深圳唯一有海岸线的村子。在很长时间里，相较于深圳改革开放以后 40 年快速崛起和现代化而

热闹的较场尾海滩一角

言，这里是一个安静的存在。无论是在景观形态还是从发展水平来看，都是一个与深圳"格格不入"的地方，甚至有一段时间，这里的村民都羞于承认自己是深圳人。

在这期间，大部分时间里，年轻渔民多选择外出打工，导致很多旧房屋被空置，直到海滨旅游的发展激活了民宿产业的星星之火，并逐步发展成为今天在全国都首屈一指的较场尾民宿小镇。

民宿院落——听海云居

民宿的概念由来已久，一开始，更多表现为民众为那些不得不在朝圣的路途上风餐露宿的信徒们提供简单的食物和床铺，后来成为发展休闲产业和乡村旅游的标准产品配套。二战之后，欧洲国家元气大伤，亟待复苏经济的英国政府，鼓励人们经营民宿促进农业和农村的转型，并颁发了许可证书。

在中国，对民宿经济认知比较早的地区当属台湾地区了，直到今天，台湾的民宿发展都是包括深圳在内的全国很多地区学习的对象。

对较场尾而言，无论是从乡村旅游的发展来看，还是从滨海旅游的勃兴而言，这里从无到有，并逐步发展成为一个民宿聚落，甚至向着民宿小镇转型，都是具有一定的必然性的。

当地人认为，较场尾的第一间民宿应该始于2007年前后，来此旅游的年轻人被海湾的浪漫所迷，租下一间老屋开始经营一个小小的属于自己的世界。后来，陪同妻子而来的丈夫、向往"面朝大海，春暖花开"的身着长裙的少女，较场尾在接下去的十年里迎接了几近爆炸式的民宿增长，成为深圳地区著名的民宿村。每逢周末，从深圳城区来此度假的车队也成了一道风景。

民宿这一平台不但复兴了一个村落，繁荣了一个地区的经济，也扮演了挖掘、振兴和创意化推动当地文化产业化的平台和载体，这使得较场尾民宿小镇在全国的乡村振兴中都成为一个典型，虽然这里依然在深化转型、迭代发展的路上。

我们从"民宿小镇"门牌大门进入，就踩上一条直通音乐酒吧的灰色长道。目之所及的是一个个民宿院落，民宿的主人应是从四面八方而来，想必是有着不同的兴趣爱好和审美，所以，经过这些主人的装修布置，各个院落风格大多不同。这家的"橱窗"摆出了玻璃花房的姿态，那一家兴许就搬来了波西米亚的秘密主题。

所以，对于我们这些陌生的访客而言，根本无法将眼前的景象与当年的那个渔村建立太多的关联，渔村时代的较场尾就像一场旧梦，在这夜色经济中若隐若现。在这场旧梦中，最为清晰的一处场景当是著名的大鹏所城了。

为抗击倭寇，明洪武二十七年建立了大鹏所城，这里的官兵兼顾屯田和戍边，后因兵多地少，便于西坑河新建西较场，因而这片靠近西较场尾部的本无名的海域便被叫作"较场尾"。

在较场尾民宿小镇尾部不远处，三孔平架的荣荫桥已有二百余年的历史。相传驻守所城的赖英扬将军倡导在西坑河上修建这座石桥，为从大鹏所城到西较场练兵而必须涉水而过的官兵提供便利。

从名字来看，它似乎寓意着大鹏所城曾给予较场尾的庇护之荣，也似乎寓意着对先人的铭记。硝烟被卷入长水一去不回，余留的伤痕只会被刻在遗迹里。

"文革"时期，较场尾的家谱被悉数损毁，能考证的只剩下清朝乾嘉年间余氏先祖自东莞迁居鹏城较场尾处的内容。"一去二三里，烟村四五家"是这个初初于清康熙年间居有人烟的写照，后有多户杂姓随之而来，形成了较场尾村。

海盗与抗日战争时期的日军，都曾经占领过较场尾村民的房子用来存放物品，但真正让这里的村民远离的事却发生在后来。

20世纪70年代，较场尾也有大部分村民逃往香港与海外，攒下基业之后，又回来建造了新的房屋。然而，新房旧房都未能留住这些已离开渔民生活的人。改革开放以后，一间间破旧的房子摆在了沙滩上，站成了孤岛。直至民宿在这里兴起，经过多年的发展和改善，逐步走向了品质化发展的轨道。

莫干山宿盟联合发起人崔盛曾说："好的民宿环境幽静，会讲故事，才能有人来。"大鹏所城里有一间，据称是由旧日叶姓知县和香港明星叶德娴的祖屋改造成的客栈，木梯与窗户年代久远，因古物之故不可做大的更改。它的故事是房子的故事。

不过，在较场尾民宿小镇内，让这里的民宿老板们更加骄傲的是，这里的民宿故事更是人的故事。较场尾的民宿老板们大多是年轻人，每一个民宿的风格都代表着主人的品位与理想。纯手工制作的甜品与冷饮，碎灯缠绕的木质天台，还有临海而居的星空，包括每一间民宿的名称，在数百之数里，都无一雷同。

夜幕深深，但这里的夜是不熄的。民宿小镇主街上的灯从五六点开始便亮成一片光海。驻足聆听，几乎每间拥有前厅的民宿里都有驻场歌手。从白日的童话世界到夜晚的精灵旅社，只差一盏灯的距离。我们行走其中，就像走在回家的路上。

珠海横琴养蚝人:
只要有这片海，就能坚持下去

"在珠海横琴岛上，已经没有横琴生态养蚝园了。"

梁北围这样跟我们感叹。2018 年七月份，这个养了一辈子蚝的中年人成为"横琴蚝养殖工艺"的代表性传承人，这一方面说明，养蚝这个古老职业和传统工艺在新的发展时代背景下，被重新重视起来。另一方面也表明，这一工艺在珠海真的太老了，已经成为这个城市的文化印记。

梁北围是地地道道的珠海人，也是家里第五代的养蚝人，2007 年被评为"珠海十大创业之星"。他以农民自居，但在我看来已是半个商人，穿衬衫西裤，时不时还要出差到别的地方交流养殖经验。人民公社制度取消两年后，梁北围继承了家业，学习如何养殖横琴蚝。这一学，就是一辈子。这一辈子，就是横琴蚝养殖的又一代传承。

如今，他是珠海横琴失了蚝地的渔民之一，但又承包了另一片蚝地，并跟人合作开了公司，算是为横琴蚝和梁家寻到了传承下去的空间和方式。他告诉我们，养了一辈子的蚝，仍然喜欢吃蚝，在吃过各地的蚝后，觉得横琴的蚝是最好的。

我们的车子从深井村口开始走，经过一片白墙青瓦的小洋房。小洋房是拆迁时给富祥湾附近村民的补偿之一，养蚝场也是在这个开发时期，从富祥湾移到了深水村附近水域。对于战略价值持续被拉高的横琴而言，在很多人看来，养殖业不应该是横琴的最佳产业选择。

横琴岛曾经在发展旅游业和工业之间徘徊不定，后来又成为粤港合作产业园区计划的一部分。2018 年 10 月 24 日，港珠澳大桥通车后，它与香港、澳门之间的联系更加紧密，再加上国家粤港澳大湾区建设的战略布局，横琴的价值持续被拉高。

和我们本次的寻访心态不同，来这里的人们显然不是来寻访这片土地的历史厚重感的。每天从珠海车站直达海洋公园的旅游大巴来来往往，本地人跟外地人大多带着游玩后的欢笑离开，很多人不知道在现代化游乐园旁边，还有一片历史久远的养蚝场。

这当然是我们第一次看到真正的养蚝场，在此之前我们甚至不知道蚝是怎么生长的。养蚝场腥味很重，满地满地的生蚝壳堆成了珠江边的一片花白滩，大多都是生蚝的下壳，表面层次繁多，凹凸不平，像是一层层叠上去的白纸团。

我们登上一张平平的木板船，长竹竿在水里一拨就划出去很远。山是绿的，水也是绿的，还泊着一只晾着衣服的篷船，颇有"两岸青山相对出，孤帆一片日边来"的意境。

到了一张筏排前，就看出前方还有更多的筏排，三四张凑在一片水域，成群地一直延伸到看不见的地方。筏排是用麻绳将长竹竿绑在一起做的，竹竿上则系着一根根

被水泥封起来的蚝紧贴在绳上

没入水中的绳。梁北围从船上跨到筏排上，动作娴熟稳定地提起一根让我看。

嚯！七八对被水泥封起来的蚝紧紧贴在绳上，每一只都有两个手掌那么大。仅这一根上起码有近30斤重，而一个筏排上少说也有百根那么多，因此筏排下面在底部还绑了好几块漂浮板来支撑。

这是固定筏挂绳式吊养法，是用每条3米长的胶丝绳索，将一对蚝苗的尾部对接，再用水泥将它们背对背黏合固定在绳子上。每对蚝之间相隔约15厘米，每串之间相隔约30厘米。将绳索固定在筏排上，放入海水两到三米处吊养，这样就能保证供应蚝的氧气和浮游生物都充足。一般来说，横琴耗的正常生长周期是二到三年。

"我们横琴耗很有名的，个大，肉又肥，很白很嫩，又脆，"梁北围提起横琴蚝就很骄傲，"外地人很多都不明白为什么说脆，我们广东人说脆的意思，就是没有渣的意思，你们内地人总是觉得脆就是酥的意思。"

横琴蚝的确有名。自宋代开始，横琴便出现养蚝人了。蚝一般附着在礁石上，通过潮涨潮落来吸取藻类和浮游生物。养蚝人在蚝生长的地方投下石头，再插上竹竿做标记，等蚝长肥以后开采。

曾被评为"珠海十大名菜"之一的"浪漫蚝情"便是鲍汁扣横琴蚝，每年，大量游客从全国各地慕名来到横琴岛，只为一尝鲜嫩的横琴蚝。珠海有了名气后，原本卖入香港、澳门的横琴蚝被多地进货，需求与价格都暴涨。再后来，民营企业跟政府合资引进了国外净化设备，让横琴蚝达到生吃的标准，优质的被用于刺身，跟阳澄湖大闸蟹一样套上塑料防伪环，成为横琴蚝对外的标志之一。

横琴东面是路环水道出海口，西面是磨刀门水道出海口。珠江三角洲的习俗是将出海口叫作门。在古时，路环水道出海口比现在广阔得多，是一个名为外十字门的海域。南宋末年，这里曾发生过元军与南宋残兵的海战，至今岛上还有南宋古战场遗迹。横琴南面便是横琴蚝养殖地——石栏洲海域，咸淡水交界地，属于低盐度海域。

养蚝，首先要求的就是水质不能污染，盐度不能过低或过高。因此如果是产于外海岛和深海里的蚝，就不够鲜甜。养蚝苗与养成蚝期间，所需的盐度是不一样高的，且能在退潮时受到阳光照射的蚝，才会肉色洁白。在深海里打的蚝，常常肉是偏黄的。

梁北围的太祖爷叫梁旺财，从清朝光绪年间开始在横琴养蚝。当时，因条件简陋，只能手工在横琴海边的礁石上采集蚝苗，规模也不大。采来的蚝多半用于跟人交换其他物资，剩下的则做成蚝干留着自用。而且，在梁旺财的时代，养蚝是个运气活，得看天吃饭。到了民国，梁旺财的儿子梁牛改变了所选的蚝苗和养殖方式，扩大了规模。在横琴生长的蚝有黄蚝、红蚝和青蚝。黄蚝依附海边礁石生长，肉质粗，被蚝民放弃。而另外两种中形似"饭碗"

的"碗仔苗"蚝头细、蚝肚大，成为横琴蚝民的首选，并渐渐培育得更大更肥。

与今天的情势不同，在很长时期内，横琴一半的村都是养蚝村，村里家家户户都养蚝，蚝壳堆积如山，看起来甚是壮观。横琴对面就是澳门，住着大批外国人，生蚝的需求大，价格也高。所以，横琴和澳门之间因蚝而生的联通应该说从未间断，哪怕是在改革开放之前也是如此。

梁牛以钱养蚝，以蚝养钱，将梁家的养蚝规模扩大，其中大部分横琴蚝都销往澳门，只有一小部分放入内地市场。这种往澳门大量输送的模式也是横琴多年的常态，一直持续到了新中国成立后进行人民公社化改造才停止。人民公社改革期间，全部的成品蚝跟蚝干都被统一收购，不允许私下交易，更别说流入市场。

梁家是村里的带头人，梁北围的父亲梁加荣靠着四代的成功经历，带领全村开展规模化养殖横琴蚝。在那时候，养蚝是横琴的产业支柱，也是最安定的产业，哪怕在广东长达十年逃港期内，都未曾受到大的冲击。生蚝，曾经是横琴的一颗定心丸。它们靠海为生，取之不尽，就像白垩纪时期，陆地上出现重大危难时，在深海的动物大多安然无恙。这里的渔民一半参与一半旁观着混乱的时代，海洋一直是他们的庇护所，只要有这一片海，这群承袭着古老职业的人，就能坚持下去。

而后，深圳珠海建立了经济特区，填海造陆工程将出海口压缩成了一道狭湾，他们的职业、生活以及意识，开始发生了历史上最为深刻也最为现实的一次改变。

江风略重，到了正午，蚝民还没吃上饭，正专注地在筏排旁提起又放下。他们得在蚝被鱼侵扰前赶走肉食性鱼类，不断进行除害和疏植。

横琴蚝在入秋后最为肥美。每年5~8月的雨季，是横琴蚝的繁殖期，接种场就在石栏洲到三洲仔海边滩涂。这里的盐度常年保持在2~20度之间，水流稳定，适合生蚝幼体的附着。接种完，蚝民就要从附着在水泥柱上的蚝苗里挑选，之后就开始经常查看蚝苗，像种树苗一样为它除虫。

珠江出海口处的天气变幻莫测，一年有多次台风。蚝民跟渔民一样，得会观天气、看温度。许多蚝民与渔民区别并不大，他们中的大多数也会在凌晨出海捕鱼，连同生蚝一同贩卖给集市。

从前是卖到澳门，现在是澳门、香港、上海等地过来收，但真正的横琴蚝已经不多了。

20世纪80年代，随着改革开放的深化以及珠海地区的快速城市化，不愿再从事养蚝的蚝民放弃了一部分蚝田，也放弃了这份祖业。但1999年的时候，珠海有意将横琴岛往旅游业方面重点发展——横琴蚝的名气就是这时候传开的。

珠江三角洲的人在开发中是最忙的商人，也是最闲暇的"旅行者"。好吃又精明的广东人踏足横琴来寻横琴蚝，在吃蚝的同时，审视着眼前的土地。

梁北围继承了家族传统，坚持养蚝，并开始串蚝吊养。蚝田旁也因为接待游客，兴起了一排烤蚝场，便是养蚝生态园的前期。不过，这样的业态显然与后来持续爆发的横琴开发有些违和，转型势在必行。

后来，烤蚝店关门了，养蚝人的蚝田和房子，以及这里的村落，像全国很多地方一样，在新一轮的发展中，拆迁，补偿，重建。对很多人来说，失了地，却有了衣食无忧的下半生，放弃了养蚝这种终年不得休的职业，开始了新的人生规划。

到蚝场迁移到深井村的时候，人数已不足之前的 1/3。深井村附近的水域不如富祥湾平稳，夏季的蚝容易死亡，再加上一只蚝要长两年，市场年年都要，便自然出现了只有一半属于横琴的横琴蚝。

"将横琴蚝的蚝苗拿到其他地方养，最后再拿回来养上一段时间，就也叫作横琴蚝，"梁北围承认了这种现象的存在，但肯定地告诉我们，"那不好吃。"梁家养了几辈子的蚝，在其看来，那根本就算不上是横琴蚝，没有真正生长在横琴的蚝，怎么能叫"横琴蚝"呢？

第四章

面朝大海　岭南新生

也许每一片浪花

都有自己的音意

只是我们分辨不了

而浪花一次次奏起和声

于是岭南有了自己的曲调

我能想见，等我再老些

于时光流逝中永恒不变的

是我喜欢听温暖的话

大海还是要唱

属于自己的歌

黎明前的海边

那是开渔的日子

庙里、门前、小巷和码头

处处在等待着归人

最是岭南大海声

　　是的，从一开始，我们就希望去看看广东的大海，不仅是因为在中国 1.8 万公里的海岸线中广东占据了最长的一段，也不仅是因为这里有着中国最具现代气息的沿海城市，也不仅是因为这里依然保存有最原始状态的岸线资源，等等。

在我们看来，面朝大海，不仅可以看到岭南大地的过去和现在，还可以看到岭南大地的未来：这里有着最为丰富的人与自然的动态博弈样本，也有着最为壮阔的人与自然互动的历史；这里有着广东乃至中国最具标签化的时代转型和国家变革的标志，也有着广东乃至中国最为隐秘的时代转型和国家变革的密码。

当然，基于文旅的考虑，当我们决定对广东滨海进行一次不一样的寻访时，相对于一些名气更大、开发更成熟的地区而言，我们倒是尤其希望去看看那些依然安静的海面。比如深圳的桔钓沙——在包括广东滨海在内的世界滨海旅游转型发展的过程中，这些后起之秀的可塑性恰恰是更强的，也更容易拓展出更具现代滨海旅游体验的产品和服务，甚至可以充分结合当地文化，实现传统文化和现代生活方式充分互动的发展可能。

另外就是，我们希望沿着广东的海岸线，听听那些历史的回声。比如，黄冈起义的地点就在饶平黄冈镇，我们本次将饶平作为行走岭南海岸重要一站的原因是，这里不仅是粤东第一站，还曾经深刻地影响了中国的历史进程，从而让这片土地具有不一样的历史厚重感。

当然，让饶平在中国历史上具有独特地位的，不仅是黄冈镇，还有茂芝村。在茂芝村，朱德召开了"隐蔽北上、穿山西进、直奔湘南"的一场军事决策会议，从饶平麒麟岭古道经柏嵩关出境，与毛泽东率领的秋收起义军队汇合，便是著名的"井冈山会师"。

所以，说饶平是中国历史的世外桃源之地是不准确的，相反，在中国的大历史进程中，饶平有着属于自己的历史记忆。而且，直到今天，这些历史的回声久远但不曾消失，不但吸引着外来访客，亦将激起新的历史性变革。

我们还寻访了海上丝绸之路最重要的始发港之一的遗址——大汉三墩。根据记载，汉朝的官员在这里就近建造了自己的府邸，不但打理着徐闻的港口事务，还背靠强大的中原王朝，面向那个更广阔的世界。

破碎后露出或尖锐或圆润棱角的瓦砾安静地散落一地，我们就像穿越到了一片历史的大地和天空，耳边尽是属于那个时代繁华和通达的声音。

这些声音都远去了，就像那些曾经繁忙的货轮和勇敢的航海家，但是，这些声音依然震撼，大汉三墩也仍千年如一日地望着徐闻的港口，见证过中华历史的辉煌，也守望过·段属于海洋、时代、历史的开放精神，历经千年，却从未完全隐去。

岭南之南，大海在其南，未来已来，未来在于海。

潮州行记：
潮之州，大海在其南

"空碧似潇湘"，韩江从湘子桥下流经，千百年来，安静如初，优雅如初，就像这潮州城和潮州地区一样，虽偶历风雨和波澜，但江还是这条江，潮州很大程度上还是那个潮州，气质还在，人文还在。

"潮之州，大海在其南"，临南海，潮水往复是潮州的名称由来。潮州府在历史上一直是粤东的政治、文化中心，在韩文公被贬潮州时，潮州东到福建，北到江西，纳整条韩江于其中。因此潮州将原本的"恶溪"改名为"韩江"。于是，潮州成了韩江流过的地方，韩江成了流过潮州的最著名的一条河。

不仅水为韩江，在潮州，山为韩山，皆因韩愈在潮州兴教育、启民智，一直到现在，重文重教，笔墨传家，都是潮州人身上特有的儒雅，家家户户以花草饰门扉，以诗书明门楣。韩愈与潮州短暂的缘分过后，潮州一直是州府治所，人才兴盛，被誉为"海滨邹鲁"。

我们来到的当日，天已近晚，沿岸灯火映照，一时间，韩江长带如虹，广济桥的灯光秀伴唱的是"我是一个地地道道的潮州人"，这让我们清晰地意识到"真的到潮州了"。

才过广济桥，转眼间望见了璀璨生辉的牌坊街广济门，它魁岸壮观的三层歇山顶式，飞阁流丹的琉璃勾头，檐角下挂着红灯笼，此时的我们知道，本次的潮州行是真的开始了。

我们本次潮州城的行走是从著名的牌坊街开始的。

秋高气爽，早上八时，天际流云聚拢又散开，阳光照亮了太平路上一个个牌坊，牌坊街也就在这越发耀眼的阳光中醒来了。早早发动的摩托车和三轮车，快速穿过这一座座牌坊，又快速地散去四面八方；要上班的人与要上学的人都是赶城市清晨的人，身影很快就没入牌坊街外的人流；主街两侧，卖点心、白粥、沙茶酱的老板们打开了门，货品还未清点，就自顾自地搬出一套桌椅跟一套茶具，坐在门口开始烹茶。

潮州牌坊街是广东省第一条历史文化名街，重修于2004年，主要是由上千米长的太平路组成。太平路是潮州城古路，从宋代起，就有"北达州治，南通三阳门"的确切描述，是贯通潮州古城南门与北面潮州金山麓的主轴线，直到目前，上了年纪的潮州人还叫它"大街"。

说牌坊街是潮州城市空间的"中枢"一点都不夸张，几乎所有被安放在潮州的街道，都与牌坊街是连通的。更重要的是，当你行走在潮州城，从一条狭僻巷子里钻出来，前后一望，可能就是一座牌坊，牌坊可谓是潮州最独特的风景之一。

在巷口设门，便称为"坊"，牌坊，是中国特有的传统建筑之一。古时，朝廷倡导封建礼教，汉朝和宋朝时，牌坊起初被用于祭天，后则演化成为"表彰功勋、科第、德政以及忠孝节义"。针对品德、功名突出者，乡间便集资修牌坊，并将其"嘉德懿行"贴于上，又称为"表闾"，是一个人乃至其身后家族的殊荣。

黄梅岑先生在《潮州牌坊纪略》载："牌坊，传说可上溯唐宋，初以木建，形似'乌凹肚门'。"如今，站在牌坊街上，牌坊林立，犹如"千门次第开"。牌坊街有 24 座牌坊，是国内最大规模的古牌坊街。

据地方史料记载，历史上潮州城存在过一百来座牌坊，太平路上就有 47 座，近乎每条巷口都有一坊。其中，最早一座为御史许洪宥修建的柱史坊，建于明正德年间，最后一座则是建于清乾隆年间的圣朝使相坊，是为直隶总督郑大进修建的。

建于明正德年间的柱史坊

　　我们从牌坊街南端起步，穿过一座座牌坊北行，它们
大多是四柱三门，外柱斜创，并将当时赐封时的圣旨内容
刻在正楼正上方，与牌坊名一同用墨绿色呈现。

　　牌坊是潮汕石雕、木雕、嵌瓷等工艺的荟萃，同时又
是潮汕书法风气的体现。走在其间，移步换景，门洞之
内，体式巍峨，栋栋座座，与潮州历史上的名人并肩，走
一回潮州。

　　潮州有句俗语，"桥顶食炒面，城内看亭字"，便是指

牌坊上的书法。牌坊是为表彰、纪念而建，看重功名、品德的潮州人对牌坊的粗细之处都不肯敷衍，横额题字更多出自名家之手，如王利亨所书的"秋台"、周宣所题的"大理少卿"。此外，门楼上还雕有石狮子，形态生动。一座榜眼牌坊上更有嵌瓷龙凤，晶莹绚丽，雍容华贵。

每一座牌坊背后都至少代表着潮州的一位俊才。比如，少司马牌坊，属于《明史》被赞为"嘉靖间边臣第一"的翁万达；状元坊，是为明朝最年轻的状元林大钦所建；四进士坊，则是为萧与成、陈大器、薛侃、苏信四人所建。这一个个名字刻于石上，也刻在潮州人心上。

不过，遗憾的是，历经多次时代动荡之后，一座座代表着潮州精粹的历史文物轰然倒塌，以至于到 1949 年来临时，曾经独一无二的太平路上只剩下 19 座牌坊。

从明代到民国初年，潮州发生过几次大地震，建造牌坊时使用的是潮汕传统的"贝灰糯米三合土"，能经数百年而不化，因此，这些牌坊在地震中依然保留了大部分。

这些古建筑虽然能躲过自然的毁灭，但往往躲不过人为历史的洪流冲击。

潮州牌坊的第一次人为损毁发生在 1924 年，当时占据潮州的是陈炯明麾下的洪兆麟。他意欲在太平街上开辟马路，下令拆除了部分牌坊。在经历了"文革"以后，整个潮州城只剩下了一座忠节坊和零零散散的"残肢"。心疼的人不敢心疼，想阻止的人不敢阻止，而到很多年之后，外人才能意识到，当年被毁掉的，到底是什么。

今天，明清时期的牌坊已经不存在了，现在牌坊街上的几乎全部都是按照"原址、原状、原工艺"的原则重新仿制的"新亭"。好在这些牌坊"失而复得"，让潮州的味道一直都在。

我们走在这条被历史写就的牌坊街上，思绪不停地在历史、文化、变革、湮灭等词语间转换。牌坊街上充斥着潮州的老字号，从甜糯可口的鸭母捻、淋上酱汁的糯米猪肠到满大街的手锤牛肉丸，香甜的气息从甜丝丝的芝麻茶、配上沙茶酱的牛肉火锅以及刚刚出炉的芋泥饼里冒出来，从早到晚地飘荡在牌坊街。如果有缘的话，还会碰上沿街叫卖豆花的小贩，三轮车上放着满满的一桶豆花。要一碗豆花，配一袋豆粉，满口清甜，还带着奶香。

今天的牌坊街，依然是潮州美食的天堂，也是潮州茶文化的原生场景。

从宋至清至民国，一直到今天，潮州在中国大历史改朝换代与骨肉迁移的变革洪流中，几经风云变幻。但是，就像今天的太平街与千年前太平街几乎重合一样，如果你一页页掀开潮州历史传统的画册，依然光影闪动，人影绰绰，从旧时保留至今的潮州传统依然是潮州最深厚的底色和韵味，其中，就包括茶道。

"天光开门七件事，柴米油盐酱醋茶"，但在潮州，茶是第一位的。在中国大多数地方，一套茶具多是一壶配四至五个杯子，喝茶也是一杯品、两杯对饮、四杯闲谈、八杯便是曲水流觞、以茶会友的雅集。然而，潮汕工夫茶，一般只三个杯子，无论客人多少、性别如何。这个习俗的起源已难以追溯，有人认为是三杯拼成"品"字，有人认为是与"饮茶以客少为贵"的"茶三酒四"相符，也有人认为就是先人泡茶时，无意用了三杯，而被后人强行附会上更多的别意，是个"鲁迅说晚安、老师说黑暗"式的幽默。

茶杯有趣，泡茶也有趣。喝完一杯，泡茶人就会拿镊子夹回，在滚烫的茶水里清洗一次，然后将新茶倒入还温热的杯子，便不会降低茶的热度，破坏茶的味道。对泡茶人而言，第一杯茶一定是递给左手边第一位客人，与身份地位等一切身外物皆无关。对喝茶人而言，要取右边的一杯，但对于不知的客人，也并不会怪罪。

在牌坊街，这种老传统被体现得更为淋漓尽致。居民以牌坊街为家，生意就开在这里，无须奔波，因而家家户户只要开了门，就能看见他们或坐于门口、或坐于店内，无时无刻不在饮茶。他们都饮本地茶，以凤凰单丛为主。

潮州多雨潮热，茶水一杯便可清热。陌生的来客可上前讨一杯茶水，与主人共享一段时光，当地人也经常会临时起意地坐下，喝下一杯茶后抬脚就走。在太平街上，随意走入一家店，茶具是桌子上不可或缺的配设。当然，这大多并不为当地人准备，因为老潮州人，哪怕出去两三个小时，也会随身携带茶具。

对外开放的茶馆，多由原有的潮州旧屋改成。潮州华侨将建好的房子租借出去，其上原本的浮雕木门、高堂壁画和嵌瓷的人物彩绘仍然清晰生动，尽是历久弥新的潮州传统工艺。

在我们所进入的一间中，正堂大门闭拢的便是一面家训墙。建造它的华侨已定居国外，但其家族遗风却从笔力遒劲的家训中飘出来，让人从其对后人的期许中感叹宗族的力量。

每一间建筑都有着自己不为人知的故事，但要在氤氲的茶雾中，喝上一口热茶，才能慢慢去听到。它们都藏在幽静古朴的小巷，有天井、星空、荷花缸和用来无所事事的闲意。

在我们走入牌坊街的一间茶馆前两分钟，手机上刚收到一条关于"潮州人有多爱喝茶"的推送。最热门的评论是："哪怕去别人家吵架，也要喝茶。"我们把这个答案念给坐在对面慢条斯理烫杯的老板夫妇，得到了他们的哈哈大笑和点头。

而在我们入住民宿时，店老板二话不说，先招呼着坐下来喝一杯茶。一壶三杯，杯薄如纸，老板笑眯眯地说："逛完回来一起喝茶。"

苏轼说，"宁可食无肉，不可居无竹"，在潮州则是，"宁可三日无米，不可一日无茶"。茶，可以说是潮州在信奉韩文公之外，另一种跟呼吸一样正常的生活方式。而且，潮州的茶不仅包含了向内寻求安静和向仪式寻求敬畏的传统东方哲学，而且，也体现了开放包容和待人接物的现代文明价值。

牌坊街很多人家门口有乖巧怕生的猫——在这条街上，有历史，有人文，有美食，还有猫。

牌坊街的猫似乎更害羞一点，它们时常躲在家门前的凳子上，悄悄打量着过往行人，在你蹲下身招手时，亲人些的猫就围过来绕着人打转，胆小些的则在拍照的时候就窜回了屋子。无人注视时，它们就慵懒地躺在门前的一小块太阳光下，或去寻找临近的伙伴玩耍。街面上这么多猫，也拉帮结派，不羁矫健地爬上爬下，趁人不注意的时候互相问好或打架，滴溜溜转动的眼睛如同沉入大海的玻璃球。

关于这里为何有这么多猫的说法之一是，多雨的季节，老房子里生老鼠，因此潮州人便习惯养猫，但也不怎么看管，所以，这些猫常常跑出去，又冷不丁地回了家，在薄薄的墙头眯眼。还有不少的猫会在街上的某一间咖啡厅停驻，老房子、咖啡，还有安静的猫，这让牌坊街这一古老的地理空间多了一些时尚的气息。

夜色是更美的，白日里接待游客的店关了门，左邻右舍就出来喝茶聊天。灯火从街头亮到街尾，巷口旁的古井上也被打上了柔和的光。

白日里婉转悠扬响在古民居里的潮曲都歇了声，在屋檐、门墙上贴好的彩色的瓷画在微弱的灯光下仍旧鲜艳，石刻的字画与摆在巷子深处的花草都睡了去，只能看见两头尖尖翘起的船形正脊，和此起彼伏的房屋轮廓。此时的我们，仍旧只想坐在古旧的石井旁，泡一杯单丛，食一份豆花，手旁落着一只猫和一段屋檐的影子，在牌坊街上撷取一段独特的历史、人文、地理、生活的体验，属于潮州的体验。

"粤首第一县"饶平：
陆海交融，向海而生

　　"岭南佳胜地，瀛洲古蓬莱"。潮州虽然素有"潮之州，大海在其南"的说法，但要在潮州看到海，只有去饶平县——作为潮州唯一能看见海的县，不但风景优美，而且，作为"粤首第一县"，向来是粤东地区的战略要冲，军事地位独特。

　　去饶平看海，既有的信息会提示你去大埕湾。从潮州乘坐大巴车经过五六十公里到饶平县城，从饶平县城再行走二十公里，就到大海边了，我们此行的目的地是著名的大埕湾。

　　路上山峰起伏，连绵重叠，三轮车从凹凸不平的公路上驶入大埕镇，而通往大埕湾的路愈发狭窄，树与树相连以至于遮天蔽日，路上的落叶也给人以闯入边缘之地的感觉。直路被一块石碑分成两岔路，一条通往月亮湾浴场，另一条是被黄沙、树篱简单围起来的停车场。下车后发现，石碑上面刻着"粤东第一哨"。

位于广东省最东端的"粤东第一哨"

广东省濒临南海，与太平洋相接，其沿海地区多为自古以来的边防重地。古时候，哨所又称所城，是要塞，亦是军民同居的城池。深圳较场尾有大鹏所城，潮汕地区唯一保存下来的所城，便在饶平小金山侧，三街六巷，祠堂庙宇，保存着潮汕乡镇民俗文化与抗击倭寇的英勇遗迹。

新中国成立后，东南沿海仍设有多处哨所与海防基地，以守卫国家的边境安全。即使是开放给游人的海域，亦不知在何处就会出现边防战士的身影。他们同本地渔民相知相熟，体现出军民一家亲的景象。而这也是很多滨海旅游发展中常见的一道风景线。

大埕湾东面与澎湖列岛隔海相望，其临海高地上便设置河口哨所。后来，两岸关系趋向缓和，东南沿海原有的多处哨所人员精简乃至撤离，河口哨所则至今仍坚守在岗位之上，因大埕湾位于广东省最东端，便立下"粤东第一哨"。拨林见海，沙密而缠绵，从停车场后的石阶下去，便是大埕湾，因其形似半月，当地人多叫它"月亮湾"。

沙滩从足下向大海延伸，沙子从粗粝变得越发软细，半个手掌大小的生蚝壳成了一道风景，不仅多，还一个一个地在沙岸上排成一道，既寻不到头也瞧不到尾。

明代黄诏在《题凤埕八景》中写道："观水东南到海滨，波澜万顷渺无边。"此刻，风浪无多，从远方赶过来的波澜将至，与尚未退却的水纹相遇，就像在烟波浩渺中磨出一面铜镜，静静地映出了长天一片。

不过，当地人说，每逢农历九月初三和十月初四之间，"祝融一怒山翻雪，飓母初呈浪拍天"的大潮便如期而至。到那时，带带长浪从天际汹涌喷薄，似是从云霄上直冲到眼前，爆炸成一朵朵雪白的"烟火"。

大埕湾是浅海域，水深都在 10 米以内，因此，目之所及并非是蓝色：远望为碧，近望则透彻如冰。很显然，这里还是一片天然的安静之海，没有经过太多的人工开发。目光所及之处，完整地保留了海洋与陆地之间抗争、吞纳、交融后所形成的原始风貌，依然可以体味到更多的原始和野趣，这在中国漫长的海岸线构成中，当是难得的特色之一。

我们沿海边而行，往东望去，再远就是福建了。从方位上来讲，大埕湾在饶平县的东南部，相传，从大幕山上往下望，整个半岛就像一只金凤凰，所谓"凤埕"之名想必与此有关。这里"曾以乡贤志士之多而显赫一时"，是闽粤交界处的一湾海水，东起福建诏安县宫口头，西至广东饶平县鸡笼角，因靠近大埕乡而得名。

有些经验的人都知道，岭南地区的方言是"加密"的，即便是只相隔了数十公里的地区之间也可能存在互相听不懂的情况。但潮汕地区的方言与福建地区多是相通的，最靠近福建的饶平当然更是如此了。饶平沿海之地，各姓氏之祖籍，大多出自福建。所以说，饶平虽不是典型的边境之地，但这里的文化交融、多元习俗也较多地体现出"边缘地区"的丰富多彩，陆海交融，向海而生。

在关于饶平大埕湾的公开资料中，最广为流传的画面是当地渔民打鱼的照片：简陋的木头渔船，一张连了一圈浮球的大渔网，戴着斗笠帽的渔民，海潮翻卷淹没了他们的小腿，他们正斜着身子，手上紧紧地拽着一根缆绳，随着他们的拉扯，一张庞大的青色渔网从海面上徐徐升起，阳光将这清晨的一切装点，使得这一刻与世间的功利和喧嚣无关，有的是世外桃源般的静谧和祥和。

很显然，未经浮华沾染的原始风貌在当地人看来可能早就司空见惯了，却成了艺术家的灵感起源。每年，都有许多摄影师为了捕捉这一幕而早早等在海边，用底片刻录下大埕湾百载不变的日升月落。

在粤东沿海，这种晨捕拉网的作业方式并不常见。据传，在明代，大埕湾有一位在浙江任乡贤金事的周用告老还乡，回乡时，他从浙江带回了几筐渔网，并教授乡人以此网捕捞之法。因此法极适合在浅海湾捕鱼之用，直到今日，大埕湾的渔民们还在沿用。

这种晨捕拉网不仅是外来游客和摄影师眼中的风景，还是一些当地渔民的主要生计来源。在风浪合适的时候，大埕湾的渔民还会拿出一张巨大的渔网准备下海。他们开着木质渔船，把这张长渔网抛至离岸二到三里远处，在转个半圆后，带回沙岸。在沙滩上等候的十几个渔民就扯着缆绳，用力把长网拉上岸，经过漫长的拉扯后，蹦跳的鱼、虾便哗啦啦地落满了沙滩，每条不过手掌长短。渔民蹲下身来挑选、分类，再卖到镇上。进入饶平镇，几乎家家餐馆都卖用这种鱼所做的"杂鱼煲"，其味鲜美，价格低廉，是饶平的特种美食，颇受游客欢迎。

不过，随着社会的进一步发展，无论是风景意义上的晨捕，还是谋生意义上的晨捕，都或将面临消失的风险。如今，围网的收入越来越难以支持一家人的生活，许多年轻人都离开了大埕湾外出谋生。作为最后的传统守望者的饶平人，又站在了新的十字路口。

对很多人而言，广东很大程度上都是一个被过度经济化的存在，人们相信改革开放的巨变席卷了每一个角落，财富应该已经遍布广东的每一个城市、乡村，在广东长期领跑于中国省域经济发展的事实下，它的每一个地方都闪闪发光才对。但事实上，仍然有许多沿海的村庄，它们在城市化的大潮中，依然守着老一辈留下来的房屋和土地，在青山绿水里一代代出生、终老。虽然随着旅游业的发展，这些地方开始迎来属于自己的绽放时刻，但无法回避的是，仍存在长期以来的经济落差。更何况，在这一轮的改头换面中，有很多一直与海为伴的传统村落，虽然经受住大海和阳光的长期吹打，却在新的所谓开发的浪潮中被淹没，成了在旧县志里夹着的一朵干枯的花。

饶平本来是属于被发现得较早的地方。古时，南下的中原人要走闽东路，饶平是入粤地的第一个落脚点，因此又被称为"粤首第一县"。在现在的饶平上饶镇，密集的村屋与青山间，一条裹挟着微风白云的饶平西片古道蜿蜒往上，附近还保存有西岩寺、善福寺和伯岭泉等古迹。这里曾是福建省与广东省的商人往返的必经之道。在革命时期，朱德从梅州大埔县三河坝率兵进入茂芝时，便是由此道进入。

潮汕古道多是挑夫，挑夫"挑"出了一条人力之路，一头连着潮汕，一头连着外界。人们靠着古道上的茶水和驿站走下一段路，贸易从这里流经，不知不觉间将别处的知识与智慧沉淀在这条"盐粮古道"上，并将饶平深刻地嵌入了中国文化流变的丰富谱系当中。

唐初，饶平就已开始了粤东文化与中原文化的深度融合，并涌现出一批高洁之士。宋朝时，高宗赐玺书："南有张夔，北有周昕。"其中的张夔被称为潮汕唐宋八贤之一。"燕阑欢伯呼酩奴，鸾旌凤吹光寒儒"，这一记叙潮州茶道的诗，就出自他手。

南宋时，福建成为文人聚集之地。福建文化兴起的同时，与其相邻的饶平也被诸多文人雅士踏足。

根据当地流传的说法，南宋王十朋曾夜宿双流寺，闻鼓角声而起，他环视四方，见山川奇秀，说"此处将来必为城邑"，并留下"天下大乱，此处无忧；天下饥荒，此处半收"的石碑。至明成化年间，置县，饶平文化底蕴已甚为深厚，便以"饶永不瘠，平永不乱"之意，取"饶平"二字为名。直到今天，王十朋所宿的双流寺，虽几经战乱，古迹仍存。

当我们走在大埕湾的沙滩上，看着潮来潮去，却"不合时宜"地想起一则网上传扬甚久的问答题："黄冈起义的第一枪是谁开的，第二枪，第三枪呢？"答案是黄兴连开三枪，掀起了黄冈起义。

黄冈起义的地点就在饶平黄冈镇。在历史上，黄冈起义虽失败，但孙中山在《建国方略》中提及黄冈起义时称："若无此次诸烈士轰轰烈烈足丧满虏之胆之善因，怎有辛亥武昌之义师一举而鄂督瑞澄入军舰之美果?！"

这也是我们本次将饶平作为行走岭南海岸重要一站的原因之一：这里不仅是粤东第一站，而且，曾经深刻地影响了中国的历史进程，这片土地具有不一样的历史厚重感。

当然，让饶平在中国历史上具有独特地位的，不仅是黄冈镇，还有茂芝村。在茂芝村，朱德召开了"隐蔽北上、穿山西进、直奔湘南"的一场军事决策会议，从饶平麒麟岭古道经柏嵩关出境，与毛泽东率领的秋收起义军队汇合，便是著名的"井冈山会师"。

所以，说饶平是中国历史的世外桃源之地是不准确的，相反，在中国的大历史进程中，饶平有着属于饶平自己的历史记忆，而且，直到今天，这些历史的回声，久远但不曾消失，不但吸引着外来访客，亦将激起这里新的历史性变革。

广州南沙天后宫：
信仰、文化和旅游的融合之地

　　我们是在十一月来到这里的，当日天空中下着小雨，很小，落入伶仃洋就没了踪影。如今的南沙新区已经是广州这个中国最开放的城市中最开放地区之一，不仅是国家级新区，还因为自贸区的建设，成了中国全面开放战略的重要组成部分，承担了中国新一轮改革开放的探索与试验功能。

　　广州南沙的开放和发展与国家海洋经济和海上丝绸之路战略的推进有直接关系，而其旅游的发展，则与位于这里的天后宫密切相关。

　　南沙天后宫坐落于南沙区大角山东南麓，面对烟波浩渺的伶仃洋，依山临海、气势恢宏。宫殿建筑群按清代官

4A 级景区南沙天后宫景区牌坊

方法式营造，风格典雅庄重，布局错落有致，其规模是现今世界同类建筑之最，被誉为"天下天后第一宫"，也是东南亚最大的妈祖庙。

南沙天后宫的前身是始建于明代南沙鹿颈村的天妃庙，清乾隆年间经修复后，定名为元君古庙，抗战时期被日本飞机炸毁。1994 年，全国政协原副主席霍英东先生倡议并捐资重建，并于 1996 年 5 月 10 日（农历三月廿三天后诞辰日）举行了隆重的落成庆典。

据天后宫的官方网站介绍，"自 1996 年天后宫重建之后，南沙地区便再没有遭受过强台风的正面袭击。所以，南沙人民能够安居乐业，南沙能够繁荣发展，都得益于天后娘娘的庇护和保佑呢！"

如今，已经获批国家 4A 级景区的南沙天后宫景区，不仅是广州旅游的重要名片，而且，因其对海上丝绸之路的标志性影响，还承载了从地理标志到经济发展乃至文化信仰等多个维度的价值，天后宫不仅是南沙和广州的天后宫，还是中国海洋文明和中华文化的主要地标。

南沙天后宫不仅与海洋、开放、旅游有关，更和信仰有关。"妈祖"不仅是古代国家祭典的三大神明之一，而且，在中国沿海地区有着广泛而深厚的民间基础，基本上可以说，在中国有海的地方就有"妈祖"的传说，在世界上有华侨的地方就有"妈祖"的信仰。

天后宫最具标志性的建筑是天后塑像，是仿照福建莆田湄洲妈祖庙中塑像所建，"用 365 块花岗岩石砌成，象征着天后娘娘在一年 365 天中都保佑着风调雨顺，国泰民安"。不仅如此，大家知道，"以往的天后雕塑，天后头上的冕旒一般为九旒十二珠，而南沙天后宫的天后雕像，冕旒为十二旒十二珠。这样就使天后这一民间信仰上升到了与佛、道、儒三教并驾齐驱的同等地位"。

对南沙天后宫而言，其最大的吸引力，或者说最重要的价值依托是与妈祖信仰有关，没有妈祖，也就没有天后宫了。

按照官方主流的介绍，妈祖是人们对"海上女神"的

南沙天后宫天后塑像

褒称。妈祖姓林名默。关于她的生平，说法不一，一曰唐天宝年间生人，另说生于宋建隆年间，但有一点确定无疑：妈祖是人，而且是一位普通的渔家姑娘。传说她自幼聪慧，熟谙水性，常渡海救助遇险船工和渔民；她还能洞察风云变化，预测天气，告诉船户可否出航，保护渔舟及商船的安全，被人们尊称为神女。林默死后被奉为神祇，立祠供奉，尊称妈祖。

关于妈祖有许多传说，据《敕封天后志》记载的有十五则，据《天妃显圣录》记载的有十六则。它们分别是：莱屿长青，祷雨济民，挂席泛槎，化草救商，降伏二神，解除水患，救父寻兄，恳请治病，收服二怪，窥井得符，妈祖诞降，湄屿飞升，驱除怪风，铁马渡江，收服晏公，收高里鬼。

天后宫在每年的农历三月廿三（天后诞辰日）和九月初九（天后忌日）都举行盛大的庆典活动，吸引了不少慕名而来的游客观光朝圣。而每逢初一、十五人潮如织，香火鼎盛。

事实上，如果仔细了解和欣赏天后宫就会发现，景区的整体空间布局、里面的建筑以及更细节的装饰，大多遵循体现中国传统文化的规制和原则。

从天后广场为始，天后宫建筑风格分别取自故宫内的清朝宫殿与南京中山陵，气势威严庄重，殿阁规整有序。它沿天后像与正殿之间的中轴线建造。穿过山门，钟楼、鼓楼相对而立，每日钟和鼓依时敲响，厚重之声便在山山水水中传扬。

从中轴线往上，依次是献殿、正殿和寝殿。在献殿中，四海龙王持圭站立，中为踏浪天后，神仙法相万千，便有不同的称谓，又被称为"蹈海天后"，寓意天后女神统领四海龙王的安澜利运。正殿是南沙天后宫的中心，木雕神龛中分别供奉着以香檀木雕刻贴金的天后像，以及从天后故里湄洲妈祖庙"点睛分灵出来的出巡软身天后像"。

天后宫中一个极具标志性意义的建筑是南岭塔。塔高45米，共8层，官方介绍显示，据传修塔的原因大致有四：一是此塔可平衡右侧较高的大角山的主峰；二是应了所谓"左青龙"的说法；三是天后既为海神，就必应有指路导航的建筑物在此；四是该塔作为人们登高眺望的建筑，它同时亦是一座标识物。

更具体的细节是，南岭塔的层数是8层，与其他塔单数不同，是因为民间传说中有这么一条不成文的规定，即男神仙的代码是单数，女神仙的代码是双数。天后是女神，因此天后宫内，无论是阶梯、瓦楞还是对联的单联（上联或者下联）字数，都是双数的。

当日，我们到南岭塔登高望远，深深体会到"会当凌绝顶，一览众山小"的感觉：登塔后，蒲州花园、南沙大酒店、虎门大桥等南沙各处美丽风光、湖光水色尽收眼底，顿觉心旷神怡，油然而生吟诗作画、直抒胸臆的冲动。

让南沙成为重要的旅游目的地的还不是这里美丽的风景，天后宫与其背后的信仰力量才是最大因素。

根据广州市的官方统计，2019 年春节期间，南沙天后宫共接待游客 23.22 万人次，为春节期间南沙各大景区中接待游客人次最多的。很显然，作为现今东南亚最大的妈祖庙，有"天下天后第一宫"的美誉，天后宫已经是南沙最重要的旅游品牌。

对于到南沙天后宫参观的游客来讲，有很大一部分是出于信仰，也有一部分开始完全以游客的身份到此，在这里也会为妈祖信仰所感动。

景区的运营者也一度尝试通过举办妈祖文化旅游节进一步扩大景区的影响力，满足游客的多元文化旅游体验。比如，在文化旅游节期间，不仅展示妈祖文化，还将南沙及广州地区的民俗以及岭南文化和海洋文化的元素一起展示，并进一步将活动的现场拓展到海上，加入演出的成分，使信众之外的普通游客也可以更近距离、更直观地了解妈祖信仰。

当然，对于天后宫来讲，作为带有信仰属性的旅游目的地，安静应该是其最常规的状态。看景最怕摩肩接踵，叩首最怕人心不诚，人是群居动物，却总在静静一人时才方便思索。观远古，念当下，可能再没有哪一刻，能比寂静无人时，更适合与己身、与信仰同行。

广州南沙天后宫的东、西门之间，相隔了大半座山的距离，行走其间，一路风光清丽，空翠可湿衣，我行走其中，孤山孤水，顿生海阔天空之感。对于每一个来到这里的人而言，一个安静的天后宫当是最大的期待。

我们来到当日的雨丝是软的，从关于妈祖的传说故事以及有关人类信仰的思考中抽身，我们闭上眼睛，对着妈祖的神像，轻轻许了愿。睁开之际，才发觉在这里停驻的还有另一群"主人"：灰白雕像上，有几只在雨中沉思的精灵一样的白鸽。

顺着它们的轨迹，发现在靠近大门旁的榕树底下，早立了一地避雨的白鸽，兴许是我们打量它们的目光太久太深情了，这神殿内飞出的白鸽颇具灵性，呼朋唤友地蹦跳着将我们包围在中间，让我们这些外来客很是感动。

南沙天后宫设有三个放生池，锦鲤、龟都有，原本放生的鸽子也不在此处，但偶有游客在天后像前放生白鸽，长着翅膀的它们慢慢召唤了新的同伴，便也在此越聚越多了。

得"放生"二字的生灵，是"种善因得善果"，是信徒庇护之物，半点不怕人。平日里，它们成群结队，念念不忘地要从每一位来访的客人手上得到食物。南沙天后宫若遇大雨封山，它们便是景区工作人员的宠儿，整日被喂养得白白胖胖，舒适地栖息在榕树底下，成为天后宫祥和景观的一部分。若是天高云淡，日光和煦，白鸽成群结队，绕天后塑像而飞，当是恍若神迹的一幕奇景。总之，无论阴晴，这些白鸽都像信仰的精灵一样，守护在这信仰之地天后宫，就像妈祖守护每一个出海的人一样。

当然，时至今日，"妈祖"已不仅仅是海洋信仰符号。除福建莆田外，台湾是最大的妈祖信徒聚集地，曾经远离故土，前往海外的人被叫作"华侨"，如今他们归来，妈祖文明就成了沿海之地的华侨在寻根时，连接思乡之情的桥。

汉时荀悦在《申鉴·政体》写："君子之所以动天地、应神明、正万物而成王治者，必本乎真实而已。"

历经千年而不衰，一步步被神话的妈祖林默，谁又能否认其背后所拥有的"本乎真实"所具有的强大力量和历史穿透力呢？她追逐着海浪而去，又踏着海浪归来，为每一个出海的人带来平安福报的同时，也越发受到万千信众和一般民众的敬仰。所以，对于来到天后宫的人来讲，已经分不清谁是信徒，谁是一般的游客了。而这也正是天后宫作为信仰之地和旅游之地的生命力所在。

我们许完愿，睁开眼睛，安静地从这安静之地离开，面朝大海，开始我的下一段行走，我知道，这一路，妈祖都将一直与我同在，因为，有海的地方，就有她的存在。

第四章　面朝大海　岭南新生

惠州港口海龟保护区：
期待梦幻无比的世纪偶遇

　　广东惠州市惠东县海龟湾上，一位姓黄的老渔民问海龟保护区的管理员，有没有见过一只后肢缺了一块儿的母海龟。对于管理员而言，这特征再明显不过，所以一下子就想起来了。老渔民便笑呵呵的，还用手比画着远处海龟产卵场的一处沙滩，那是与别处没什么不同的黄沙地，但他认真地说他见过那只母海龟上岸产卵过两次：一次是在他5岁的时候，一次是在他75岁的时候。

　　七十载岁月悠悠，海龟湾上的日出与日落与这片海水一起潮涨潮落，渔民从少年来到晚年，这样充满了光阴与岁月痕迹的相遇和陪伴，给海龟湾增添了不少传奇的色彩，让一个科学和生物话题，变成了更具传播价值、旅游价值的所在。

这近乎梦幻般的偶遇并非没有依据，因为海龟产卵的地点是近乎固定的——这种拥有令人类不可思议的精准导航本领的生物，一生固执又坚持，在产卵的时期就会沿着不变的路线回到其破壳而出的地方。这位老渔民所提到那只后肢有缺陷的海龟就出生在惠州港口海龟保护区，所以，每次产卵，这只老海龟都会回到这里，只是，它可能不知道有一个老渔民已经在此守望了自己 70 年。

惠州港口海龟保护区，坐落于惠州市惠东县大星山南麓，是全球 16 个海龟保护区中唯一一个位于中国境内的。这里被列入了"拉姆萨尔公约"的国际重要湿地名录，也是中国 1.8 万公里海岸线上，最后一处海龟产房，因此地处广东大亚湾与红海湾交界处的这片海域，又被称为"海龟湾"。

也就是在这片海湾，不仅听闻了太久的海浪拍打海岸的声响，也见证了太多针对海龟这一充满灵性的生物的杀伐。如今，当争论和屠杀都归于平静以后，这里的风景才开始逐渐回归到海龟本身，让所有来到这里的人，一睹海龟的真容，并在其各种传说和文化寓意中思考对大海、自然、历史以及人性的敬畏。

海龟馆是来到海龟湾的人必看的一个地方，这次寻访，也是我们第一次如此近距离地打量海龟这种仿佛天然带着"仙气儿"的福寿化身：拇指肚儿大的眼睛，肥厚的

海龟馆里正在游动的海龟

脖子，生着点点黑斑的前肢，就像船桨一样不知疲倦地拨水，时不时与玻璃容器碰个正着。

这让我们马上想起了《老人与海》里的那句话："他喜欢绿色的海龟和玳瑁，它们形态优美，游水迅速。"

但最让我们慨叹的还是那经常在各种占卜传说里提及的青黑的龟壳。在中华文明初始的时候，成人手掌大的小龟，其壳时常被作为预测吉凶与记录的工具。但池子里这只绿海龟实在太大，其壳如石碾一般，倘若真放入某个古老传说的场景里，也应当是幻化成半个人身的东海"龟丞相"的级别。

类似这样大的，在惠州海龟保护区的海龟馆里不止一只，其中以绿海龟为主。绿海龟也是我国现存海龟族群中最大的一个，主要在山东以南沿海分布。

从海龟馆入口往里走，数十个海水池呈四列阶梯状依次分布，11 岁到 40 岁的海龟都在自己的"一亩三分地"

里游动。这里养有绿海龟、玳瑁、螺龟、太平洋丽龟和棱皮龟五种海龟。海水池壁上贴着一块牌子，每个池子里大概有八九只，但牌子上只会标注这个池子里年龄最大的那只。

在全球文化认知里，龟一向被人们认为具有如先知般的灵性，与龙、凤和麒麟并称为"四灵"。在中国，从汉代为五品以上的官员赐龟钮印章以示皇威以来，龟就是吉祥如意的化身。《淮南子》所描绘的女娲补天神话中，曾有"断鳌足以立四极"来寓意龟为人类的牺牲。与之类似，印度也有海龟立于白象之上撑天的传说，并将其认为是为找回在海中失落的宝物而化身成龟的毗湿奴。

更现实的生态意义是，它是远古时代的活化石，是维持海洋生态环境的一环，食水母，可观测海洋环境。

"神道甚微，天理根究，桂蠹兰败，龟年鹤寿"，即便并无这样美好的寿数之载，在海滨城市的海洋馆里，巨大的海龟也是不可或缺的重要角色，可谓这些海洋馆的镇馆神兽之一了。

如果不开车，到惠州港口海龟保护区就只能坐当地的摩托车。深山露重而轻寒，山顶便是双月湾观景台，因而，到这里来的大多数游客都直奔山顶，却忽略了此处藏着的一个不可多得的神奇存在。

海龟湾被封起来许久了。海龟馆前的一道铁门拦住了游客窥探它的目光，一般人只能从空隙里瞧见一泓清浅的蓝色海水，雪白的浪花一卷一卷地往沙滩上涌。这让看过海龟馆巨大海龟的我们，更觉这是一个神圣之地，但遗憾的是，历史上这里的故事远不是想象中的安静和谐。

1949 年前，这里是一家黄姓员外的宅地。这位黄姓员外圈占了无人居住的海龟湾，并雇人看管，禁止外人进入。在这里产卵的海龟及产下的海龟蛋，成了他的专供。据资料显示："那时候每年上岸产卵的雌龟有 300~400 只，产卵数量达 100000 枚之多。"

如今，整个保护区面积为 4 平方公里，但只有铁门外约 1 平方公里的海滩是海龟产卵地。沙滩随着季节的变化而变，使得产卵场的沙质长年松软。海龟馆前的标牌指示着海龟溯回的路线，门外的一条"黄丝带"是它们的第一站。

海龟对于出生地感知敏锐，每年的溯回路线都保持着高度的一致，这种精确制导的能力让人类为之震惊。每年的六到十月，要产卵的母海龟便会回到它的出生地，在黑夜爬上沙滩，产卵后在黎明到来之前离去。每只母海龟，一生都是如此，不断地在出生地和觅食场所之间轮回，直到终老。而雄海龟却再不上陆，从入海的那一刻起，便注定一生都与深海为伴。因此，这些海龟并无父母的陪伴，且与"乌龟怯姦怕寒，缩颈以壳自遮"不同，无法将四肢收回壳中。孤独、轮回、永别，成了这种海洋生物从远古到今日，永世不变的宿命。

这是人类难以想象的溯回。海龟的诞生地，是从上一代就注定，并留给下一代的唯一遗产。在那幽深寂静的深海里，是否真有一个冥冥中的声音在引导它们前行，回到自己出生的地方，以实现自己对下一代的承诺。那些洋流、旋涡与无数隐匿在黑暗里的危险，都无法隔断这种连接，无论游出多远。

　　但遗憾的是，海龟这种不为人类所轻易探知的基因密码，却成了让它们走向灭亡的致命打击，因为这样的规律，给了恶意捕捞者以机会。

　　起初，在海上常年靠打鱼为生的渔民，是不吃海龟的，就算偶然捕到，也会放其归海。这不仅是由于海龟的经济价值并不高，更是因为，在渔民的认知中，海龟带有神明的色彩。

　　全祖望曾言，"自有天地以来，即有此海；有此海即有神以司之"。靠海而生的渔民对于海上的灾难无可奈何，除了信仰民间传统之神明外，对海洋有其独特的信仰。比如，沿海的渔民会将玳瑁的龟壳制作成手链送给亲密之人，相信其能镇定人心，并护其安宁。

　　然而，并非所有的人都像海边的渔民一样，始终用其敬畏和信仰给予这些海龟以守护，反而是，这些海龟的神明色彩，让一些人看到了其背后巨大的经济价值，进而铤而走险，恶意捕捞。

　　自古以来，海龟背甲、象牙玳瑁一直流通于国际。

1958 年，海龟的滋补药用之能效在东南沿海一带流传，其经济价值大幅度提升，人们开始肆意捕杀海龟，并将产卵场的龟卵悉数取走，高价卖入市场。在深不可测的海洋中，海龟是不易被捕捉的，然而其固定的溯回路线与其爬回深海时留下的长长痕迹，却成了恶意捕捞者的导航。

据海龟保护区的资料介绍，"在未建立保护区之前的 1984 年，在海龟繁殖季捕杀上岸产卵的海龟依然有 60 只左右，所产龟卵无一幸免"，曾经绝大部分分布于南海海域的南沙群岛、西沙群岛的海龟再难觅踪影。

庆幸的是，在惠东海龟自然保护区于 1985 年成立后，每年在海龟产卵的季节，每晚都有保护人员巡视海滩，捕杀海龟的现象渐渐减少，被误捕的海龟也有了归处。

在游客中心的游览图上，整个保护区建设得犹如一只海龟。保护区三面环山一面靠海，是原始花岗岩基质海岸。沿观海长廊前行，怪石嵯峨，海水剔透。沿途设有海龟溯回的路线指示图，大块的岩石还保持着未开凿的状态。

最佳观景处所设的瞭望台可以望尽海龟湾。在它两侧的通路，分别通往海龟驯养中心与海龟营地。经常有游客到海龟营地居住来观看第二天的日出。然而海龟驯养中心为保护起见，并不开放，只用于安置渔民误捕的海龟和保护区内的海龟。它们和产下的海龟卵和小海龟都被精心照顾，直至有一日可以放回大海。

保护区正在修建新的海龟馆和鳄鱼馆，也许下一年，这些被保护的海龟从深海回来得更多。而随着来到这里的游客越来越多，也许，这些从深海回来的海龟中，就有能与来客偶遇的，并开始两个生命之间跨越一生的守望，就像那个老渔民与那只后肢有缺陷的老海龟一样，这让我们一想起来就觉得温暖无比，梦幻无比。

惠州巽寮湾：
让人沉醉的不只是风景

《苏东坡传》的作者刘小川在评价苏东坡时说，"中国古代，苏东坡这样的个体生命，可能绝无仅有"，"他似乎穷尽了生命的可能性，穷尽了中国文化的可能性。他抵达了生存的广度与深度的极限"。

政坛以痛吻我，我却报之以歌。处江湖之远的苏轼，从"开户视之，不见其处"到"九死南荒吾不恨，兹游奇绝冠平生"，随着自己一生漂泊的足迹，将自己在文学、美食、茶酒等诸多领域的知识送给了半个天下。他将六井水囵给杭州百姓，将东坡肉炖给了黄州子孙，将东坡书院建在了琼州土地，而在惠州，他不仅让荔枝名满天下，还留下了一个名字：巽寮。

起初这里被叫作"鸭寮"，据说与惠州稔山镇的居民尝试在咸淡水交界之地放养鸭子有关。而"寮"在中国文言文中是长排房和小屋的意思。岭南之地，瘴气多而日炎，当年被贬来惠阳的苏东坡便时常携其妾王朝云来海边消暑解闷。"鸭"字与歌妓出身的王朝云相冲，她便要苏轼替此地更名。

　　苏东坡把它当成一个任务。他登临高山，居高临下，发觉整个大亚湾有灵性般地长成了八卦的形状，其中"鸭寮"就处在乾、兑、震、巽、坤、艮、离、坎中的巽卦之上。巽卦的卦象为无所不入之风，表顺从之意，恰合此地微风和煦、海不扬波之境，便于岩石上题书：巽寮。这个名字自此扎下了根。

　　昔时既无波，今时亦是晴。

　　2018年10月的一天，我们沿稔平镇主干大道行走，遗憾的是，未能找到证实传说中苏东坡赐名的摩崖石刻，只闻人声细微。如今，对载着苏东坡手记岩石的真假难有定论。有人猜测，它在1938年10月倭寇登陆大亚湾岩壁时被毁于炮火。当然，对于今天的巽寮湾来说，能不能找到摩崖石刻已经不太重要，因为，随着这一地区旅游业的发展，巽寮的知名度已经很高。

　　细雨润水，鱼露烹鸭。虽然地名中没有了"鸭"字，但这一地区养鸭子的传统，却足以让海鸭子成了这里的一道名菜，而且，经过历史和文化的熏染，连其菜谱都明快得像一曲山歌："水鸭半只，生姜一块，葱两支，米酒二匙，鱼露五匙。"

承继了岭南一贯与中原不同的咸甜之分，惠东巽寮湾的渔民将海边钓起的小鱼熬制成鱼露，留一部分吃，另一部分就用来烹饪在滩涂上觅食、产蛋的本地鸭。且被捡回来的海鸭蛋也不受冷落，混合虾米、碎猪肉粒后蒸成一道糕，用以待客，成为惠州"渔味"中的典型代表。

品尝完"渔味"，我们继续自己的巽寮湾之旅。跟广东省大多数沿海城市不太一样，在惠州惠东，绵长的海岸线与公路几乎是并行的。高速公路的修建让被山路隔开的海湾更加靠近城市中心，沿途散落着稀少的房屋和浓密的丛林，让这片海，在城市和乡村之间闪现着曾经的人间烟火。

明末清初，从中原迁居至赣南、粤东、粤北的客家人已子孙满堂、家丁兴旺。当初，作为外来者的客家人在与岭南百越的交往中被赶至山地居住，但百年后，人口增长与山多地少之间的冲突越发激烈，这成了再次迁离的理由。

这是客家人历史上的第五次大规模迁移。他们携妻背子，与行囊为伍，踩着山块与泥土往四川、粤中及粤西一带迁徙。在客家人的择地文化中，"采阳光，看风向，近水源，傍硬山，择高地"是重要的定居经验总结，而且，"坐北朝南、向阳背风、柴近水便、视野开阔则是理想的选择"。正是在这样的逻辑和经验指导下，有一批人选择在山海相嵌的巽寮湾安居乐业。海平如镜，避离喧嚣。从潮汕而来的渔民在此避风，一度背井离乡的客家人也在这里搭建茅"寮"而居。

沿海的客家人与"日出而作，日落而息"的内陆客家人在很早之前就有了差别，但草与瓦，这两样最能体现古时平民百姓之居所特质的组合，在我们本次寻访之前的想象中，应该依然能够在这里看到。但是，这里已无想象中的茅屋与瓦房，取而代之的是滑梯、泳池和喷泉兼备的海上乐园，数十层的高高耸立的度假酒店头顶青天而立，光滑的大理石柱、连成带的矮树林和身穿黑蓝相间制服的巡防员成了将海岸与公路隔离开的分割线。

百年前供渔民避风安居之处，如今是惠东颇具名气的旅游地。

门庭的严谨让我们多少有些犹豫：不会被开发成了私人园林或沙滩了吧？等到穿越凌乱的烧烤桌椅后，形如半月的海滩便展现在眼前。从修建起来供人换鞋的三层台阶上走下去，这种现场感让我们很快就充分理解了当年跋山涉水、疲惫不堪的客家先祖选择在此定居的原因所在。

在粤东数百里之长的海湾群中，延绵 20 余公里的巽寮湾形如半月，以"石奇美、水奇清、沙奇白"为美，有"天赐白沙堤"之称，是最洁净的海滩之一。这里长久地保持着春意融融的温度，沙滩是一块洁净的、雪白的、硕大的画板。我们几乎能想象到，在平地起高楼之前，茅草屋一间间安营扎寨，木围栏圈出一小片空地，水鸭子嘎嘎叫着钻入滩涂，米酒香从隔壁人家一缕一缕地飘出来，到处是一派安静祥和的家的味道。

如今，因巽寮湾是全国和省劳动模范的疗养休养基地，这里修建了劳模广场：鹅卵石铺成的花坛上摆着暖黄色的海星，每数十米便有一处仿海浪的塑像，其上还浮着海龟、蝠鲼等海洋动物的模型，一群身着泳衣的少年正在高兴地与塑像合影，对这些孩子来说，他们已经习惯巽寮湾现在的模样。

在苏轼之后，巽寮湾和这里的小渔村并未被人遗忘，这片自然之地还不断地丰富着历史人文的痕迹，来过这里的文人墨客们，留下了自己的墨宝，形成了30多处摩崖石刻，成了这里珍贵的人文景观和旅游资源。其中包括：咸丰二年，清朝书法家傅维登临巽寮湾凤池岛后手书的"日暖凤池"，以及启功、张爱萍、萧劲光等大家的作品。

不仅如此，如今这里的旅游设备已很完善了。而在改革开放初期，这里曾管理混乱，从香港走私电器的偷渡客，为了躲避海上巡警的盘查而挑选无人的海滩进行登陆，进而在巽寮湾发现了许多人迹罕至的沙滩。这也是巽寮湾被发掘旅游的雏形。

如今的惠东已经很少有纯粹的渔民。求神祭海、望天

打卦是渔民世世代代的活计与生存之道。后来，巽寮湾的一部分渔民在年轻的时候离开这里去深圳经商、打工，随着旅游业的兴起，他们其中的一部分人又回来重新开始了新型的"渔民生活"。只不过，在外的经历给了他们与祖辈不同的生活经和生意经，人不多的时候，巽寮湾的沙滩上，他们主动询问来往的游客，以招揽生意，问要不要去三角洲岛。

"总长20多公里的海岸线内，有八个海湾，海面隐隐约约分布着大大小小数十个洲"，在撑船待客的渔民眼中，巽寮湾依然是一个整体，其40平方公里海面上分布着大大小小99个岛。其中由三座相连之山所组成的三角洲岛是最让巽寮人自豪，也是最出名的一个，这里"水清、石奇、沙幼"，而且，是中国第一个拥有合法产权的私人海岛，远望如蓬莱，成为巽寮湾渔民招揽游客的利器。

这些驾船人大多都来自附近的巽寮镇，该镇紧靠着巽寮湾，随着巽寮湾旅游快速发展，镇上许多原住民将自家的房子变成了旅馆和商店，原本的渔船在休渔期也有了新的作用，家家户户都发展起了副业，将渔船改为带客人出海体验打鱼生活的旅游船。在这种旅行中，一百元左右的费用，就可以品尝到这些渔民烹调出的鲜美的海鲜。这些代代与海和渔业相伴的渔民，在经历了久远的渔家生活后，已经越发习惯以导游的身份再次与自己的这片海和谐相处。

日光西斜，走在沙滩上，手心里的银沙被海风吹落，这让我们突然想起王朝云笑靥如花地缠着苏东坡改名的那一幕，近千年的时光就这样随风而逝，而巽寮湾依然在继续着自己的故事，海还是那片海，风还是那海风，但人已经不是那群人，产业不是当时的产业。毕竟，时代已经不是当年的那个时代，在新的时代，安静和喧嚣在这里重新演绎着新的辩证关系。

揭阳惠来石碑山灯塔：
从多次历史损毁中走来

如果说有些功能性设施经过长时间演绎，其精神价值乃至哲学价值已经超过其功能性价值的话，那么灯塔当算是一个。这种修建于海岸、港口或河道，用以指引船只方向的建筑物，从诞生起，除了具体的指引性功能之外，逐步成为方向和希望的象征，不仅出现在一系列的文学作品中，甚至在整个海洋文明的发展中，都具有不可替代的作用。

据历史的考证，公元前 280 年，因为一场全员沉海的婚礼悲剧，埃及在法洛斯岛的东端修建了 400 英尺的"亚历山大法洛斯灯塔"。这是迄今为止被发现的人类历史上最早的一座灯塔。此后，这种指引海上通行的建筑，经由阿拉伯人被推广到包括中国沿海地区在内的世界各地。

1387 年，由当地人民集资而建于泉州市崇武古城东南角的"崇武灯塔"是中国第一座灯塔。此后，这种建筑开始在中国沿海地区不断出现。在这些灯塔中，有的很简陋，在没有电的时候，甚至用火焰和金属镜提供光亮，此外，这些灯塔有的还专门设置了"守塔人"，尤其是在一些具有重要战略意义的灯塔上，"守塔人"更是普遍存在。

一座孤岛或一个山头，一座灯塔，一个人，一盏灯，剩下的，就是星辰与大海。也正是这种充满无比的寂寞和孤独感而又给人以希望和方向的场景，赋予了这些灯塔以奇妙的感觉。哪怕是在"守塔人"成为过去式以后，这种对灯塔的印象，依然根深蒂固。

不可否认，当我们决定要去寻访位于广东揭阳惠来县的石碑山灯塔的时候，内心是充满这种期待的。

公开资料显示，公元 1882 年，石碑山灯塔由万国公司创建，后又陆续重建，现在的灯塔为 1981 年建成，为钢筋混凝土结构。该灯塔高 68.8 米，7 级抗震设计，14 级抗风设计，塔顶灯光视距 24.5 海里，主光灯每 10 秒闪动一次，并配有雷达应答器和无线电导航系统等设备，是中国 16 个导航台中最高者，有"亚洲第一航标塔"之称。

更重要的是，灯塔之下的航道 100 多年之前就被英国人定为国际航道。而在当地广为流传的是，这片海域曾经是郑和第七次下西洋时的物资储备基地。

有"亚洲第一航标塔"之称的石碑山灯塔

我们的车途到了尽头,就被一道铁门挡住了去路,铁门的后面,这个著名的灯塔孤独地耸立在那里,每天安静地与远航的过客与归人互相安慰——1989年,石碑山灯塔最近一次重建,在工作了近三十年后,它被保护在一个偏僻而空闲的院子里,并不允许游客登临。

据《惠来县志》记载:"石碑山灯塔,清光绪八年(1882)由万国公司兴建,权属英国,民国21年(1932)由中国接管,塔高120英尺,呈圆形塔身,涂黑白二色相间横带,故有花灯柱之称。"

这让我们想起王家卫电影《春光乍泄》中位于世界最南端的乌斯怀亚城里那座红白相间的灯塔,这种在黑白之间寻找和谐的构建思维,应该是包含了西方文化的基因。

1858 年,《中英天津条约》中规定:"通商各口分设浮桩、号船、塔表、望楼,由领事官与地方官会同酌视建造。"这掀开了中国灯塔在别国手中建造的历史序幕。

明朝著名的神童苏福,为家乡的一眼甘泉题写一独脚联,"抉(快)取携而不竭任卤浸咸蒸独标平淡",使得在宋代时被发现的一眼甘泉名声大噪,此泉便被称为神泉。

"天涯有奇景,海角出甘泉",如今是惠来奇景之一的"海角甘泉"。神泉镇因其而名,神泉港则因神泉镇而得名。在明清海上贸易活跃时期,龙江河、雷岭河、盐岭河三大河流汇成一体,流经神泉港,形成了良好的深水港,成就了神泉港在粤东的重要港口地位。

彼时,在对英、美通商的汕头至广州的航道上,携夹潮汕资源的商船与军船,其安全出海是石碑山灯塔出现的理由之一。石碑山岬角系粤东海岸线拐弯处伸入海洋的最突出陆地,对往来船只威胁甚大,旧时曾有许多船只在此触礁,可见该灯塔的重要性。

但遗憾的是,自从灯塔出现,在其后的历史演进中,伴随着各种力量对这一战略要地的争夺,多次上演了灯塔被损坏的事件。

它的第一次损毁是在 1943 年。1932 年 1 月灯塔被国民政府接管,抗日战争爆发后,日本占领了台湾,并派出海军登石碑山,然后绕道攻陷了汕头。在退离石碑山前,日军拆毁了灯塔的灯楼,在战败之后又炸毁了灯塔。此后，国民党政府在原址附近重修了第二座灯塔，然而，国民政府在离开这里的时候又选择炸毁。由此可见该灯塔在当地的特殊性意义。

1996 年，中国政府在第二次发布的关于领海范围的声明中确认，中国领海基点之一的石碑山角就在石碑山灯塔旁边。石碑山角是维护国家海洋权益和领海主权的标志。

不过，对于惠来而言，石碑山灯塔已经不再是最被关注的对象了。来惠来的人，为海市蜃楼而来，为海滨浴场而来，在最繁盛的季节里，灯塔的故事越来越被淡化。或许只有出海的渔民，才会在深夜里，忆起它身上凝结的风靡云涌，和这片土地与海洋的缘分。

如今，在这座灯塔的西面，红树林正掩映着一弯碧蓝之水，历史和时光都归于平静。不过，这没什么不好，建筑的宁静，更加寓意着和平。

茂名放鸡岛：
孤悬于海，又勾连互通于陆地

　　在放鸡岛的酒店入住手册上，专门提醒顾客出门时要关闭门窗，以防猴子闯入，一下子就把我们的好奇心激发出来了。当然，在我们的这次寻访之旅中，并没与这听上去顽劣的猴子们碰面，印象最为深刻的倒是那路边温和抬眸的梅花鹿，以及那停留在花瓣边缘的蓝尾蝶。

　　我们走出码头，登上观光车，沿着环岛路开行，时不时就能看见梅花鹿矫健地跳入树丛里。蓝尾蝶更是亲人，一双蓝莹莹的柔软羽翅，像极了古代大家闺秀轻遮半面的绣着山水画的团扇，在小小的花瓣上随着呼吸张合，在你离它还有一朵花的距离时，它们才会飞起，忽高忽低地飞向远处。

很显然，放鸡岛像是一个野生动物园，这里的动物们与人类和谐相处，是一道独特风景。当然，今天我们在放鸡岛看到的这些动物，并非全是岛上的"原住民"——岛主陈明哲第一次登上放鸡岛时，这里还是广东省最大的无人岛之一，海鸟飞掠海面和杂乱无章的树丛是这里的主要风光。在被确认开发之后，来自别处的猴子、孔雀、梅花鹿等被带入放鸡岛，并在自由自在的放养状态下和陈明哲一家人成为放鸡岛第一批岛民。

　　陈明哲，这个深爱大海的台商，在长达数百里海岸线的寻觅后，终于找到放鸡岛这个触发他心中原始之美的地方，并且跟茂名市电白县政府签订了一个 50 年租用期协议，成为中国第一位合法私有岛主。放鸡岛开始进入了新的发展时期，有人，有动物，还有休闲。

放鸡岛景色

图片来源：图虫创意

从茂名市电白区南部的博贺镇放鸡岛码头，到真正的放鸡岛，还需要坐 30 多分钟的大船，或者 15 分钟的快艇。8.6 海里，是一段不远不近的距离。白天的浪也很激昂，让坐在船上的我们，感觉像是坐了一次过山车，还没登岛，就已经有些晕了。

放鸡岛大概有 1.9 平方公里，在茂名电白区 23 个岛屿中是最大的一个。它呈东北、西南走向横卧在大海里，最窄的地方只有 0.1 公里，在它的周边还散落着一些大大小小的无人岛。这里曾是当地渔民出海捕鱼的必经之地，渔民会在晨间或傍晚在这里捕捞。今天，来到这儿的游客也会在这个时间段拿着大网兜去捞，然后将自己网到的海鲜送到岛上出名的大排档，也就成了放鸡岛美好的夜宵。

相传，在放鸡岛还被称为湾舟岛的年代里，博贺渔村的渔民受高僧指点，每次出海前都携带一只公鸡在湾舟岛放生，以此来压制海底的白蜈蚣精，以护佑渔民船队平安归来。久而久之，这里便更名成了放鸡岛。这个传说并没有指明放生公鸡来祭拜的神明是谁，但林深时见鹿，扶风时见海，如今登上放鸡岛早已不见鸡，只能看见一片被人们称为"鸡头"的海蚀地。这里奇石林立，在游客的指指点点中，也算是满足了一些大家对放鸡岛的想象。

当然，关于放鸡岛的故事，远比这要丰富和多元。

广东省沿海水系中最大河流的鉴江与其支流沙琅江流经茂南与电白，并最终汇入南海。而放鸡岛所隶属的茂名市就位于南海之滨，有长达 220 公里的迂回海岸线，其中大多数都集中在电白区。

电白区近海靠岸，其水深、可避风、可利用的海岸线迂回且长，造就了深水良港博贺港。从汉朝开始，博贺港就是广东丝绸之路的一处始发港，在白日里承接着微光的丝绸与在黑夜里闪烁的翡翠都曾在这里折射过华夏的盛况。

南北朝时，茂名的冼夫人平定高凉，从博贺出发前往东南亚、南亚国家进行经济与文化的交流，开启茂名初具规模的海上贸易历史。在这段延续至今的繁荣里，放鸡岛则是广东东部通往湛江北部湾的必经之处。商船从古老而狭窄的海路满载而去，满载而归，被亘古长留的岩石记录着气势雄浑的烟波浩渺。

还有人猜，放鸡的习俗是在向唐朝宰相李德裕祈福，因他被贬崖州时，曾从港口登陆放鸡岛取淡水，这一来一去间，为放鸡岛留下了块石碑来记叙他被贬的经过。在近代，梁启超将李德裕与管仲、商鞅、诸葛亮、王安石、张居正并列称为中国六大政治家。在流放崖州后，李德裕已年过六旬，最终死于崖州，这块石碑也成了他晚年跌宕的见证之一。也成了放鸡岛这一度很长时期内都是无人岛地方，难得的历史人文线索之一。

十月里的时候，这里已不热闹，风林萧瑟，风过无痕，一个人走在路上，就如同进了一座孤城，远望长天，近望深林，一栋栋木屋比邻。

沿着环岛路一路前行，途经仿古的马车与搁浅的旧船。放鸡岛是作为游乐园开放的，增设了许多憨态可掬的雕像供游人取乐，在水库边还树立了一只尤为高大的公鸡来对应其名，工作人员则时不时地四处巡视，确保游人的安全。

金黄色的野菠萝乐园的门在一片葱茏中隐约露出头，走近它，要经过很长的一段下坡路。下坡路上，不少绿色野菠萝树已经不起眼地长在沿途。广东省位于南海之滨，盛产水果是很多地方的特色之一。之前我们曾去过的湛江徐闻，以平原居多，是著名的"菠萝之乡"，产量一度占到中国菠萝产量的 80% 左右，但若论岭南水果的丰产，茂名可就无人能比了。

茂名沿海却不近海，北部山峦险峻高峭恰好缓冲了台风，并阻挡了寒流。气候的威胁被减弱，雨水却跟随炎热不请自来，肥沃了山地，形成广东省内独占鳌头的良好种植环境。滴蜜的金黄杧果、鲜甜的褐色龙眼，还有盛唐时使得"山顶千门次第开"的南国荔枝。

除了水果体验以外，放鸡岛还是一个被蒙上信仰色彩的休闲度假之地，就倒也符合茂名这个地方的地域特色。

冼夫人与潘仙的传闻，让茂名蒙上了一层信仰的色彩。

茂名的前身曾是以道士潘茂名的名字命名的茂名县，

后又以其姓氏被命名为"潘州"，这也是我国历史上少有的，以一人之名连续命名县、州的地方。传言其济世救人，于今高州观山上，乘石船飞升而去，后人感其恩，便称其为"潘仙"。

"朝汲泉于此山，暮洗术于鉴水，采丹田之芝，煮白石之髓"。在来到茂名之前，我们就在想，潘茂名曾经生活的地方，该是一片怎样的灵验之地。

放鸡岛上，公园中心便是面朝南海的南海观音神像，山间还有依山而修的济公塑像与许愿树，山峰上还新建了一座恢宏的天后宫。游人可随意前往祭拜，若是碰到了节日，钟声长鸣，诵经声奏起，在游玩外，便也有了一份虔诚与庄重。

放鸡岛还是潜水的好去处。它所在的水域是我国自然条件最好的潜水基地之一，附近海域无暗涌，五彩斑斓的水底世界近在眼前。

酒吧街、夜光螺舞台、海螺广场等，随着放鸡岛的开发，这里的基础设施配套越来越完备。起初，在放鸡岛刚刚投资建设时，来的人并不多，但随着2008年正式营业到现在，十年转瞬即逝，整个岛也从一处荒岛变成了茂名最出名的海滨乐园，旅游配套也基本完成，岛上还有员工宿舍，山林之间，成了一个孤悬于海又互通于陆地的度假胜地。

晨起看日出，夜间观渔火，闲时听乐，就像我们的这次寻访感受一样，大多来到这里的人会说，"不枉费一次出行"。

汕头南澳岛：
北回归线上的中国大历史叙事

　　我们的汽车行驶在南澳大桥上的时候，夕阳西下，大桥、大海、海岛，还有远处的天空，给我带来极其震撼的视觉冲击，不知不觉间就到了岛上。

　　但是，在南澳大桥建成前，只有通过轮渡才能抵达岛上，作为岛上和陆地之间的唯一联通方式，轮渡一度非常繁忙。而如今，轮渡的常规交通功能基本已经消失，只有去往海对面的礐石风景区的游客才会选择乘坐。

　　很显然，南澳大桥的通车，让这个广东省最大的岛屿，也是广东省唯一一个海岛县的孤独感不再。

　　"南"为南方，"澳"为海湾，可停泊船之地。岛上的南澳象山文化遗址证明其在新石器时期就开始有人类活动。据《南澳县志》，宋时杨万里派兵平定南澳海盗之乱的记载，为"南澳"之名始现。

我们的车沿山而行，一路上蓝天碧海相伴，这山海之间的大美，让自驾游游客在某一处观海点驻足。平坦的观海台上，微风清淡，岩石从山林里"长"出来自由呼吸，这一刻，"此景只应天上有"的诗句，扑面而来。

从沉梦中苏醒时，天际正铺展第一层浅淡的金红。四野里俱是薄淡的、倾斜于夜色的灰色苍穹，只有技艺高超的油画师才能模仿出它天然的色调。铅云未散、风凉露重，我们知晓这将是个多云日。

在多云日看日出难免让人感到遗憾，但能够在南澳岛最东端的青澳湾看日出，哪怕是多云日，也是一种独特的体验。因为，在这里看到的日出，是广东省的第一缕阳光。

除了日出，南澳岛的另一个特殊存在或者地理标志就是，北回归线从这里穿过，而且是我国第 11 座北回归线标志塔所在地。依托于此，这里修建了北回归线广场，如今，基本上成了来到南澳岛的游客必看的一个景点了。

北回归线广场规格整齐，花坛里摆满的西洋雕像并无新意，"自然之门"则是广场的地标。红花绿叶将"南澳北回归线标志"的刻石簇拥在中央，这座标志塔包括基座、支柱和地球模型三部分，由"门"变形而来，高 13.6 米，底宽 30 米。"门"字的点是地球模型，中间有一道圆管，充满钢铁质感的两手臂将它牢牢地抱在中间，犹如一种守护。

它是我国建成的第 11 座北回归线标志塔，"球体半径 3.21 米（对应春分 3 月 21 日），悬臂长 6.22 米（对应夏至 6 月 22 日），从底座到球体高 12.22 米（对应冬至 12 月 22 日），两边门柱所倾斜的角度正好对应北纬 23.50"，与汕头西郊鸡笼山上所建的标志塔寓意一山一海、一东一西的两相呼应。

依照时间而言，其最好的观赏时刻，是每年夏至的正午时分。太阳在那一天直射北回归线，将穿过圆球中心圆管的日景投放在地台之中，立杆而不见影，从这一天开始，北半球开始进入夏季了。

北回归线是地球上热带与温带的分界线，因此，这里的青澳湾，便是半温带半亚热带的交融，这让青澳湾多了几分特殊的意蕴。

从海岸西行，荒芜丛生，青山无云，一座四柱三门牌坊就在两座石狮子的守护后面，上书"宋丞相陆秀夫陵园"。南澳岛的陆秀夫墓是在 1993 年由潮汕地区的陆氏众裔孙捐资重修。在 1995 年扩建成"宋左丞相陆秀夫陵园"，并修建了"忠贞亭"来纪念。

在东南沿海的多数地区，海上来的富饶是它们以蛮荒偏僻之地从人间得利的根基，要论另一个富饶之源，就一定绕不过宋朝。"华夏民族之文化，历数千载之演进，而造极于赵宋之世"，这个被陈寅恪高度评价的伟大王朝，在南宋末年，从临安府（今杭州）一路西逃。在正史中，崖山是它的坟墓，而正史之外，这之间的途经地则是它的庇护所。

南澳岛这处孤悬之地，与南宋皇权的中心，便这样在历史的更迭中产生了第一次，也是最后的交集。

南宋末年，宋端宗赵昰和宋末帝赵昺在数万军民的保护中借海逃亡，流落到南澳岛。一路飘零而来，奢求也不过是一口喘息。当时的南澳岛还是穷山恶海之地，据说全岛之上无一口淡水。宋将无法，只得挖井取水，被记载下来的就是三口，这三口井分别被命名为"龙井""虎井""马井"。"龙井"之水专供皇室，大臣们使用"虎井"，剩下的"马井"则由普通士兵与马共用。据说，这古井离海仅数十步之距，每每海浪上涌便有淹没之危，然潮退后井水清甜依旧，令人啧啧称奇。今日，这个被当地人叫作"宋井"的地方，成为南澳岛颇为出名的遗址。

后来的历史证明，这犹如上天搭救般的奇景并未打断南宋的哀歌，但我们却升起另一个念头：如果南宋并未灭亡，关于这三口古井的记载会更多，并将被纳入更宏大的中国历史叙事当中，南澳岛在中国历史中的地位将得到进一步提升。

历史没有那么多"如果"，陆秀夫宁死不降，背幼帝纵海而亡。这一纵，是陆秀夫的终点，也宣告了南宋在中国历史上的谢幕，他曾经为南宋做的一切都在这最后的悲壮里褪色。

不过，属于南澳岛的中国大历史叙事还没有结束，另一场历史惊梦开始在这里上演。

明朝时，海盗肆虐，戚继光在南澳岛上一处不足千平方米的金银岛上清剿海盗时，海盗不敌而逃，留下一句"水涨淹不着，水涸淹三尺"的藏宝口诀和碑记，为南澳岛平添不少神秘色彩。

这里还是郑成功收复台湾的起点。南澳岛处于高雄、厦门、香港三大港口的中心点，距离太平洋主航线只有七海里，这里也是广东距离台湾最近的地方。南澳岛是郑氏家族的长期据点，为海上天险之地。当年，刚刚占领福建的清军无力讨伐广东，控制闽粤，这里便成了年轻气盛的郑成功的选择，他招兵、练兵的地方，便是如今位于南澳岛深澳镇大衙口的总兵府。

这里也是全国唯一的海岛总兵府，除了极其明确的正史意义外，也是个很有趣的地方。从门到院到总殿，本不出奇的中国对称式建筑风格，在这里却有着远超建筑设计本身的政治意义。

南澳岛是东南沿海的要冲之地，军事战略意义极重，但这里又属于平常所说的"天高皇帝远"之地，因此，为了防止当地官员拥兵自重，朝廷将南澳岛分属福建与广东两地管辖。明万历三年，朝廷设立闽粤南澳镇，派兵驻扎，将左营归为福建省，右营则属广东省管辖，这样一来，在这里值守的人从不同的门进出。福建人走左，广东人走右，而"闽粤界"的界碑就设在两门之间。南澳岛的战略意义由此可窥知一斑。

"闽粤界"的界碑

当然，这些遗址和故事，在今天，都更多地表现为遗址和故事而已。今天的南澳岛正在上演更多的故事。

汕尾遮浪半岛：
神奇的地方总是流传着传说

　　遮浪半岛位于广东省汕尾红海湾区的遮浪镇，三面环海，与东面的碣石湾在交接时没商量好，留下的一个边便是遮浪，因其突然伸出一部分入海而成了一个半岛，便又被称为"粤东麒麟角"。

　　在广东省的沿海城市中，汕尾的区域不算大，海边离市区不过 20 公里左右，因此交通相对便利，从车站就有直达各区的班次，独自开车过去也畅通方便。

　　遮浪、遮浪，单凭这名字就让我们多了几分向往：有海就有浪，对每一个岛而言，浪注定是与其相伴而生的存在，有一处岛，却以遮浪而名，在当地必然有一些特殊的说法和传说。

在遮浪半岛上，能够观赏"遮浪奇观"之地，现在属于"红海湾遮浪半岛国家海洋公园"的范围。这里是汕尾人的"骄傲"，对于来到遮浪岛的游客而言，这里绝对是不容错过的一个观景点，这里也是遮浪岛作为一个旅游目的地最吸引人的地方。

只不过，十一月的遮浪岛太清冷了，家家闭户，空寂少人，一两家卖茶点和粿条的铺子，总算是让岛上的早晨有了点热气腾腾的氛围。很显然，和国内外很多的旅游目的地一样，遮浪岛的旅游也表现出旺季和淡季的鲜明特点，十一月份的遮浪岛，已经进入了淡季。

入门后，西侧是商业街和冰雕游乐场，店主们多已闭门谢客，去别的地方打工或游玩去了，但是，看现场仍能感觉到旺季时该是怎样的喧腾。不过，对于我们这样慕名而来的寻访者而言，这样的安静倒是一种难得的馈赠，我们喜欢在这样的季节和环境中与遮浪岛来一次相遇。

海浪声声声入耳，循着这声音望去，远远地就瞧见一带雪白。严野夫曾描写道，"翻疑素缎铺千顷，转眄才惊雪万堆"，这个描述也是此前搜集有关遮浪岛资料的时候，看到的最美的一个描述了。不过，当我们真的要走近的时候，冒出来的更强烈的一个诗句却是"惊涛拍岸，卷起千堆雪"——虽是完全不同的地点，但没有哪句让我们觉得比苏轼的这句话更合适描述眼前的场景了。

那璀璨的银子般的浪花正乘风而起，急匆匆地往沙滩上打，瞬间，就像无数条纯银丝被一双看不见的巧手缝成了一条既宽且阔的被子，突然覆盖了沙滩，又退去，退去后，又突然覆盖了沙滩。

管理员在距离海浪足有四五米远的地方拉了一条隔离线，告诫游人注意这美丽的浪花，我们只好恋恋不舍地沿着这隔离线一步步西行，手机里拍下了无数的视频，不过，走到最后才发觉，要观赏这遮浪岛的"遮"字之妙，还在前方。

到末尾才看出，遮浪半岛的沙滩被一道长堤分成了两部分，救生员坐在高处俯瞰。被隔开的东海岸海浪怒吼连连，气势磅礴如千军万马奔腾，另一侧，任游客随意嬉戏的西海岸则平滑如镜、波光潋滟如神女嫣然轻笑。所

浪花正拍打在沙滩上

以说，东面波涛汹涌，西面静若处女，东西之间，为遮浪之"遮"。

但是，等今年的秋落，转入下一年的夏，南海的风向变化，境况就会两相调转，西岸的神女变夜叉，东岸则成了君临城下战事休停的和平地。这不由得让我心生感慨：一堤之隔，却是动静有别，大自然甚是神奇也。

从自然地理的角度来看，这样的奇妙之景缘于突兀伸入水面的遮浪半岛，它成了天然挡住东西两面风浪的屏障，因此无论风向如何，东西海岸的景象都迥然不同。不过，基于科学理性的解释终究是阻挡不了民间丰富的想象力，对于这样的奇妙自然景观，当然少不了在当地激起很多美好而充满浪漫主义的传说，这是我们一路寻访的结论，也是我们本次一路寻访的乐趣和思考所在。

我们走到沙滩的尽头，路也就被拦住了。在西岸沙滩的南部，被台风刮断的巨木还未清理，来到这里的游人会被专门的救生员劝阻。只见这里礁岩遍地，乱石林立，一波波上涌的海浪瞬间会被撞碎，大珠小珠落在碎石堆中，在石堆中形成了一片一片的水洼，有的像镜子，映照出天空。

从这里开始，就是遮浪半岛并不对外人开放的领域了。驻守边防的海军在东西海岸的中央的天然堤坝上，守望着台湾与汕尾。站在这里北望，一尊烟墩隐约可见。那里，是遮浪防军开始的地方。

遮浪岛的军事历史至少在六百多年前就已经开始了。当时，这一地区倭寇猖獗，而明朝官员又经常与海盗商人相互勾结，不但没有为当地百姓提供保护和清平，倒是搜刮得更加厉害了。

这场朝野上下广为人知的混乱持续了近百年，直到碣石卫城建立。沿海居民配合碣石卫城的卫兵，日日巡防，夜夜守卫。1564年，俞大猷于碣石卫城挂帅领兵，诱倭寇入碣石湾，双方激战数个昼夜，将来犯的倭寇全部歼灭。

如今，在遮浪湾西面，当年的炮台和兵营遗址依然还在。黑色的炮口朝向水面，枯黄的炮台高高矗立，曾被使用的火枪、虎钳和铜锣等被收藏在底下小小的展厅里。这展厅也成为石炮台公园的一部分，同遮浪半岛的海防基地遥遥相望。这也算是遮浪岛海防史上的古今辉映了，旁边还有一个汕尾的帆船训练中心，则更是一个现代化和时尚化的存在。

从石炮台公园南望，稠密的云团之下，隐隐有一耸立的黑点。那是建于1909年的灯塔，它所在的岛屿便被叫作灯塔岛，又名遮浪岩。在遮浪半岛，若无熟人，就得搭当地渔民去灯塔岛的船，才能登上灯塔岛。平时，这些船就在石炮台公园附近停泊。

当地人告诉我们，在灯塔建成的前几年，这里成了昼伏夜出的鸟雀们最凄艳的死亡之地，它们往往成群结队地去寻找光亮，投光撞死，直到几年后，才渐渐减少。很显然，这已经成为当地广为流传的一个故事。

我们对灯塔是有独特的好感和好奇的，尤其是对那些守灯塔的人。在遮浪湾沙滩上行走时，当地人告诉我们，这座灯塔是有守塔人的，一年都回不了一趟家。一开始，这里的总管是国际航运组织派过来的老船长，其工作人员也全都是当地的徐姓人家。原因是，在1941年日本偷袭珍珠港以后，太平洋上的战争爆发，短短数日，南洋、东南亚等大片土地沦入日军之手。进出太平洋的国际航线上尽是日军军舰，海上航运被彻底打断。原本看守遮浪灯塔的外国看守人员全部被要求撤离，独独留下来继续守候灯塔的，就是遮浪一位姓徐的工人。后来，这守灯塔的工作也就成了徐家世世代代的职业。

与遮浪公园的"遮"相同又不同，灯塔岛东面陡峭而西部平缓，因此"涛似连天喷雪来"是东，"水面浑如镜面新"为西。不过，自然地理的变化才导致这种自然奇观的逻辑并不是人们最为关心的，相反，最广为流传的一般是一些传说。

其中的传说之一是，南海观音娘娘出外云游，为灯塔岛上美景所吸引。她驻足岩岛，适遇一渔船自岛东面满载而归。她即化作一老妇向其乞鱼，那渔民傲慢拒绝，还奚落她一通。观音娘娘便使东面之海波涛汹涌。这时岛西有一条渔船亦归，她便用同样的方法测验人心。这渔民虽只捕到寥寥几条鱼，却慷慨地将鱼奉送给她，她便使这位渔

第四章　面朝大海　岭南新生

民出海的西面自此风平浪静。

　　一个地区所流传的传说，总是动人如冬日里梅花烹雪的一杯酒，而且，很多时候，这些传说背后，不但体现着对自然和神明的敬畏与信仰，而且，都直接而深刻地体现着当地人民对真善美的心理测度和价值主张。

　　所以，在我们本次的系列寻访中，每到一地，都会有意识地去寻找那些藏在当地人心中，源自父母、祖父母甚至更久远的、代代相传的传说故事。这是中国大地上很有趣的文化遗存，哪怕这些故事仅仅在当地很小范围内甚至是一个村落内流传，也往往体现出具有人间普适性的美好品质的逻辑和色彩。

　　我们曾不断尝试去追寻这些故事和传说的成因，以及在代代流传中不断发生的一些改变，并从时空缝隙里去窥探当时的生活情境与场景。人性千变万化，但人所编织的"蓬莱秘境"通过人们的口头相传，永远都代表了自身所希冀的、使用美好与善良的力量来获取美满结局的念想。

　　遮浪的风一年四季都是喧嚣的，如今，灯塔岛、石炮台与遮浪公园组成了一个稳定的三角：一个看守海洋，一个守护半岛，一个铭记历史。曾经生活在这片大地上的百姓，有自己化解恐惧、对抗恐惧的方法，也有自己张扬美好和追求美好的途径，无论是这些方法还是这途径，都需要走进这遮浪岛的民间和历史，也只有这样，才能真正听得懂遮浪岛风浪里的杂乱与咆哮、泥土里的悲伤与欢笑。

深圳桔钓沙：
那一片细腻而又安静的海

在深圳南澳街道，东为大亚湾，西为大鹏湾，沿途分布着水头沙、东西涌、桔钓沙、杨梅坑等多处海湾，是深圳市"东部大旅游"的重要组成部分，也被认为是原始的最后一块净土。

其中，桔钓沙位于深圳大鹏半岛东岸，这里三面青山相拥，沙滩的沙子洁白细腻，所以有"银滩"之称。广东的岸线资源中，真正优良的沙滩并不多，所以这一地区在广东滨海旅游中就显得更加难得。月牙形的海滩长约1000米，宽约50米，蓝天、碧海和白沙滩，来到这里的人很多都是喜欢安静和休闲的人，游泳、露营或者玩帆船，成为这里的主要休闲度假模式。

所以，当我们这次决定要对广东滨海进行一次不一样的寻访时，相对于一些名气更大、开发成熟的地区而言，桔钓沙倒是我们尤其希望去看看的：在包括广东滨海在内的世界滨海旅游转型发展的过程中，这些后起之秀的可塑性恰恰是更强的，也更容易拓展出更具现代滨海旅游体验的产品和服务出来。甚至可以充分地结合当地文化，实现传统文化和现代生活方式充分互动发展的可能。

　　当地人告诉我们，数不清的洁白帆船乘风破浪是桔钓沙的常态，这里曾作为世界大学生运动会比赛场地，2009年以后的很长时间内封闭了起来，所以保留住了自然生态的一面。原为深圳海上运动基地的新体育海洋运动中心就

　桔钓沙入口一侧的新体育海洋运动中心

建在桔钓沙入口一侧，这也让桔钓沙增加了很多运动休闲的基因。

未到桔钓沙，先闻七娘山。长约千米的桔钓沙三面青山，其背靠的便是在深圳山脉高度仅次于梧桐山的七娘山。

七娘山为人称道的丰美多在云海的澎湃。七峰林立，阴雨长逐，与海湾融为一体恰似"碧虚无云风不起，山上长松山下水"。在未被封山前，山腰为云所淹，林涛阵阵如雷雨，水汽爬坡化作瀑布云，其景扑朔，有"不识庐山真面目"之感。

正因如此，七娘山曾被封山数年，如今虽然解禁，但一遇雷雨便再次禁止游人进入。所以，对于游人而言，这是一个来了未必能够体验的山，虽然它就在那里。这对尚且安静的桔钓沙来讲，也算是一个有趣的补充了，更何况，从桔钓沙的长远发展来讲，"山海不分家"将是必然的逻辑。

在深圳诸多海滩中，桔钓沙并非较出名的一个，甚至可以说是比较不出名的一个。从大梅沙到杨梅坑，到玫瑰海岸，都已开发和走红，桔钓沙甚至有点被遗忘了。

是的，比起通常意义上翻江倒海喜怒无常的茫无边际，桔钓沙的水更似从峰峦间隙中流下来的一道清泉。碧波微漾、清澈剔透，错觉还混合着鸟喙落在水中石头的轻鸣将海的厚重悉数抵消。

在深圳的诸多海岸中，桔钓沙的沙质最为细腻，银光闪烁，细软如绵，被称为"银滩"。在很多开放的海滩，工作人员需经常筛沙子来保持海滩洁净细腻，但桔钓沙的优势让它只需被除去灰白的珊瑚礁和少数碎石。

走进以后，比起简单的"沙滩"两字，这一千米的桔钓沙沙滩，更贴近一夜霜雪后被细细的雪花覆盖起来的一镰银月。抓起一把，从指缝间滑落如时光沙漏，温柔又感慨。

之所以全世界滨海旅游的发展中都将沙滩作为重要的资源依托，或者是休闲度假的基础设施标配，很重要的地方在于，沙滩不仅代表了开放、激情甚至是野性，而且，当世界安静下来，光着脚行走于沙滩上，面朝大海，听着风浪的低吟或澎湃，看着天空的繁星，或者远处的点点渔火，人会有一种逃脱尘世烦恼，进入心灵"桃花源"和"乌托邦"的体验。

"我并不梦想

装饰一句诗行

要接近上帝和天堂

莫过于瓦尔登湖

我居住的地方"

在寻找"桃花源"方面，东西方有着相同的梦想。美国作家梭罗在瓦尔登湖旁脱离人类社会与大自然达成融洽，英国作家詹姆斯·希尔顿也曾在《消失的地平线》描写了深藏在幽灵般的高山和富饶的"蓝月亮"峡谷里的田园式庭院"香格里拉"。他们使得瓦尔登湖和香格里拉成为人们蜂拥而至的旅行胜地。

无论是七娘山直到目前都依然具有的神秘色彩，还是桔钓沙依然安静的发展状态，这里的"桃花源"气质，都算得上是其区别于很多过度开发的海岸线的独特气质了，这也是我们这次寻访中对桔钓沙最期待的地方，也是感受最深刻的地方。

从另一侧进入桔钓沙需要经过很长的木麻黄林。我们这才发现，桔钓沙开发的地域并不大，刻着"桔沙望月"

刻着"桔沙望月"的石堆是除了人工建造的台阶外唯一的装饰

的石堆是除了人工建造的台阶外唯一的装饰。踩水而行，步落银滩，海水如虹带，身后留下一连串脚印与珊瑚礁相伴。

在深圳，桔钓沙因水秀沙净而脱颖而出，然而，身为深圳八景之一的"桔沙望月"才是最让野营者心醉的风景：月色宛转，银光溢海，山影婆娑，星夜琳琅，神秘又莫测。

通过这一趟的寻访，我们的结论是，"果然名不虚传"。

深圳"海上世界":
中国改革开放的一个标志

从改革开放起,标志着深圳快速成长成就的地标性建筑和片区不断被刷新,但有一个地方是从其诞生开始,就被贴上了鲜明的深圳象征的标签,那就是深圳"海上世界",以至于有"不到'海上世界',不算到了深圳"的说法。

谈"海上世界",必谈明华轮,寻访"海上世界",也必看明华轮。关于明华轮,ANCEVELLER 是它诞生时的名字。

1962 年,这艘由世界上著名的四大船厂之一——法国大西洋船厂建造成的豪华游轮,由法国总统夏尔·戴高乐亲自剪彩、下水,此后成为戴高乐的专属游轮。在后来的

明华轮成为深圳这个城市的一个地标性"建筑"

8 年间，这艘游轮陪伴戴高乐经行全球 100 多个国家的港口，接待过近百名的各国首脑和世界名人。

戴高乐总统逝世 3 年后，这艘游轮被中国购买后正式命名为"明华轮"。1973 年 6 月，坦赞铁路的工程技术人员就坐着这艘轮船，在联系两国的航线上开始新的征程。此后，明华轮经历了一系列重大的中国外交事件，见证了很多历史性时刻，这些也使得"明华轮"哪怕是在结束了自己的远洋航行正式退役以后，依然是一个厚重感和历史感十足的标志性存在。

1983 年 8 月，明华轮完成了最后一次航行，停泊在深圳蛇口海滨浴场。并由广州远洋运输公司调拨给海上世界股份有限公司，开启了与一系列明星、政要、企业家的交集，一步步成为深圳海洋文化的象征，成为影响蛇口再造的精神图腾之一，也成为深圳这个城市的一个地标性"建筑"。明华轮经重新改造后，成为中国第一座集酒店、娱乐为一体的综合性的海上旅游中心。1987 年，第一家私人性质的酒吧在其底层开设，而后，以"海上世界"为中心，在太子路、海景广场、碧涛中心及迎辉阁等地，各国特色的酒吧杂沓而至，甚至成了外籍人士的聚集地。

明华轮的主体是万吨级的轮船，共有九层高，其上遍布富丽堂皇的餐厅和酒吧，还配有全国各地的文化展示。直到今天，"明华轮"都是整座海上世界商业街的中心和重心。

从"明华轮"到"海上世界"的过渡，与这里的一位特殊消费者有关，这就是——邓小平。

明华轮开业一月后，视察蛇口工业区的邓小平登上明华轮，提笔写下了"海上世界"，此后，这个名字成了明华轮更为普遍与广泛的称呼。

同年国庆，一艘"海上世界"模型彩车，在天安门广场前接受检阅，还载着"时间就是金钱，效率就是生命"的标语。这条标语是中国改革开放起步时的标语，曾引发不少争议。

至此，明华轮和深圳一起成为中国改革开放的标志。

应该说，如今的"海上世界"的体量和规划已经是一个滨海新城，建筑面积为100万平方米，是招商局投资600亿元打造的一个超级城市综合体。考虑到招商局、蛇口在深圳发展历史上的独特地位，这也被认为是"再造蛇口"的扛鼎之作，可谓一出生就风华正茂，成为深圳乃至中国城市更新和城市休闲街区文化革新的代表作。

明华轮酒店

　　按照规划，这里集"商务办公、休闲娱乐、餐饮购物、酒店、度假、居住、文化艺术等"于一体，光是新建项目就包括：高211米的地标建筑招商局广场、金融中心二期、太子广场二期等3个甲级写字楼项目，高端酒店式公寓及高级住宅项目，由建筑大师槙文彦担纲设计的文化艺术中心，希尔顿酒店，海上世界广场和滨海公园等，以及明华轮的重新装修打造，等等。

在我们看来，"海上世界"是观察和体验深圳这个具有开放和海洋文明基因的现代化城市海洋文化的一个标志性空间，所以，我本次的寻访，从一开始深圳就成为必选之城，而深圳的"海上世界"也是从一开始就成为必选之地。在这里所能够听闻的深圳的海的声音，不仅是海的声音，还有深圳的改革开放城市发展史的激荡。

珠海外伶仃岛：
历史在这里是一个复杂的存在

作为广东万山群岛的岛屿之一，珠海外伶仃岛成为欣赏万山群岛的一个极佳视角也在意料当中，这也是外伶仃岛"八景之一"的"万山棋局"的来历。登上伶仃峰最高处远望，整个万山群岛犹如一把翡翠散落在伶仃洋上，不由感慨，用"星罗棋布"来形容这群岛与洋的格局实在是再恰当不过了，更何况，在不同季节，随着气候的变化，这万山棋局更是风云变幻，气象万千。

这是外伶仃岛给予我们的第一个震撼：以海洋为盘，以岛屿落子，以长风为赏，以天地为思，这样难得的宽广足以慰劳此前漫长崎岖的登山路所带来的疲乏。

只可惜我们非六艺皆通，也非天生慧根，所以，看不懂这盘棋谁胜谁负，只能站在高峰处被兜头的浪漫扑了一个冷战，甚至忘却了最开始是怀着"人生自古谁无死，留取丹心照汗青"的怀古之意和人文情怀来到的这座珠江口处的璀璨明珠：外伶仃岛。

很多慕名而来的寻访者大多是冲着该岛的历史人文积淀而来的。但是，就像我们一样，真的站在这里的时候，看到这天造地设的自然胜景，才突然发现，历史人文并非这里的全部，这里完全是一个自然、人文、历史、地理、休闲等元素交相辉映的存在。而且，无论是在更长久的历史进程中，还是在该岛及其周边地区的战略互动中，外伶仃岛都是一个复杂而重要的存在。

外伶仃岛位于珠海香洲东南部海域之上，以海拔最高处有 311.8 米的伶仃峰为主体，岩石与礁石组成了山峰上奇石林立的石景公园与随处可见的风景石。

从码头上岸，一条弯弯曲曲的被称为"情侣路"的环岛路正镶嵌在伶仃峰上，从低到高往上盘旋，很容易便能看出外伶仃岛以东西为高，北中为低的大致地势走向。远远望去，因为该路如美人腰间玉带，故名"玉带环腰"。这也是外伶仃岛的"八景之一"。

我们沿环山路往上走，很快就来到了一块摩崖石刻处，上面刻写的就是文天祥的《过零丁洋》。当年，毛泽东亲笔抄录以表对文天祥爱国之情的敬意，这也让外伶仃岛更加闻名于世。

而事实上，截至目前被发现的文献记载中，外伶仃岛与历史的第一次真正会面就出自文天祥的"零丁洋里叹零丁"。也是为了纪念这一点，游客中心后面的空地上特意立起了一尊文天祥的塑像：负手而立的南宋文臣面朝伶仃洋。外伶仃岛在文天祥雕像的目光里，不闻叹息，只闻大海的潮起潮落和时代的跌宕起伏。

站在摩崖石刻前望去，码头前方一排排写着"海防"字样的平房破败而安静。伶仃洋是中国广东珠江口外的喇叭形河口湾，往东连接至虎门，南则靠拢香港大屿山，及西又与澳门相接，是广州古海湾残留至今的最大一片水域。太平洋的潮汐经由巴士海峡来到伶仃洋，进而与紧靠着伶仃洋的珠江水系达成气候上的"共识"，影响整个珠江口地带。外伶仃岛更是因为处在珠三角进出太平洋国际航线的要道之上，其战略地位更加凸显，为历代地区治理和战略争夺的重点。

在宋代之前，人们更习惯将"伶仃洋"简单地称为"海"，从宋代开始，随着海上贸易的发展和世界风云转换，伶仃洋和外伶仃岛的故事开始发生得更加密集也更加具有全局性的影响力。正是文天祥开启了这一地区的历史性记载，但其后的历史就是文天祥始料未及的了。所以说，文天祥是这里的最重要的符号之一，但远不是这里厚重的历史人文的全部，对于我们来说，这也是本次走访中更大的收获。

外伶仃岛供游人游览的地方其实并不大，"玉带环腰"基本上将所有允许外来人观赏的地点串联起来了。从环海路下来走到笔直的道路，尽头便是不准外人随意进出的渔船的栖息地。

刷着蓝漆插着国旗的渔船泊在被墙隔开的狭窄水面，很多船上都晾晒着一些被剖成两半的鱼，无人看管，也无人在意：对于这里的渔民而言，鱼虾是经济来源之一，也是最为常见并不甚被看重的东西。

很多的旅游目的地类似，经历过国庆黄金周的人山人海后，休渔期的渔民大多上岸去寻求新的活计，只留下一小部分人看管着门店，看顾着家，常规性地接待一下周末从珠海、香港等邻近地区来度假的人们。所以，离渔船不远的市场里盆盆相挨，放置着各种各样的海鲜鱼类，加上一些饭店，就构成了一条人气旺盛的海鲜一条街。

经营着这些生意的基本都是岛上的原住民，这也说明，外伶仃岛并非无人的孤岛。在岭南的土地上，流传着广府人的祖先因"胡妃之难"而从粤北南雄珠玑巷迁逃至珠江三角洲的难辨真假的传闻。正史中的说法是，在宋元之后，岭南地区的经济朝海洋靠拢，大量移民从中原移至沿海。担杆镇政府提供的资料中记载，清乾隆年间，有以打鱼为生的渔民从香港长洲岛迁移而来，但此后的生活并非如想象中一直安稳。要说外伶仃岛是一个移民地区，应该也是成立的，而且，这里的在地文化就像这里的海河交融一样，海洋文明和陆地文明的色彩也很明显，都是这里文明的记忆和基因。

伶仃洋成为很多重要历史事件的现场

　　伶仃洋是江水和海水的相遇处，一淡一咸。在伶仃洋及其周边岛屿的语言文化中，"淡水"和"咸水"分别可指代中外文明。漂洋过海而来的海外物都可以用"咸水"来代称，自然，咸淡水交接融汇的伶仃洋成为中外文明相碰撞的舞台，也正因为如此，中西文明的碰撞也让这一地区成为很多重要历史事件的现场。

　　19世纪的中国已经表现出明显的疲态，在工业革命之后快速实现力量集聚的西方国家，开始将目光更多地投向了东方这个古老而封闭的国家，碰撞在所难免。

　　清朝年间，礼科给事中黎攀镠有一封奏折："唯英吉利国有趸船十余只，自道光元年起，每年四五月即入急水门，九月后仍回伶仃洋，至道光十三年，该夷探知金星门水而较稳,遂由急水门改泊金星门,趸船为逋逃之渊薮。"

外伶仃岛真正被点起悲壮的历史之火,是从鸦片战争开始的,自此,始于文天祥时代的伶仃洋的孤高被无情打破。

对连接珠三角与太平洋航线的战略要冲,带着海洋霸权之风而来的英国当然知道这里的重要性,被称为英国人的"海上鸦片仓库"的趸船如同一条条黑影一样借由夜色停泊在伶仃岛,直到被林则徐的虎门销烟所打破。

不过,除了林则徐之外,伶仃洋和伶仃岛的故事,还与一位传奇人物有关,而且,这一段故事也更少为人所知道,却有趣得多。

加勒比海盗系列电影中有一幕海盗集会,其中唯一的一位老太太的原型便是中国海盗郑一嫂。在多数人的印象中,海盗有一个近乎固定的形象:无主的海域里,他们头戴棕黑色的风蛇帽,用中央包铜的腰带牢牢地扎住雪白的衬衣。腰间没有搭扣的刀鞘上缀满宝石与珍珠,船上高大的旗帜在海风中猎猎飞舞,上头还绘着黑白色的骷髅头,犹如存活在暗夜里的深海幽灵。

不过,扎发髻、细眉凤眼的郑一嫂事实上并不是这样的。

海盗势力被招安前,外伶仃岛便处于郑一嫂的掌控之下,不仅痛击英军,在鸦片战争爆发时,仍然积极抗战,与林则徐一同抗击英军。

电影里有句台词:"我们想去哪里就去哪里,这就是船的真正意义，你明白吗？这不仅仅是有条龙骨，有个船壳，有层甲板，有几张船上所必需的帆，这只是船的构造罢了，黑珍珠的真正含义是自由。"

所以，我们今天可以想象一下，对于郑一嫂和她的海盗伙伴们而言，伶仃洋这片海域也曾经上演过很自由、很浪漫的一幕。只不过，这些浪漫并没有成为伶仃洋及周边地区广为流传的一部分而已。如今的外伶仃岛，有着古老的泄水道、残旧的炮台孔与浪漫的碧水沿岸，却未存留与航海家截然不同，同狂暴的大海殊死搏斗后幸存的王者与传奇的痕迹。我想，这一章迟早会被补上的。

靠近海边的地方大多都会设置观海亭。但是纵观整个广东，能够端坐亭中与飒飒海风、伶俐白鸥及高楼包裹的香港点头致意的地方，恐怕只有外伶仃岛了。外伶仃岛与香港九龙尖沙咀港只有 11 海里的距离，距离香港长洲仅仅 6 海里，在中国的近代，曾被称为"香港人的后花园"。

除了香港坐标带给外伶仃岛的独特意蕴外，总长约 55 公里的港珠澳大桥同样赋予外伶仃岛不一样的意蕴。很显然，对于今天的伶仃洋和外伶仃岛而言，文天祥被押解时的"叹零丁"，林则徐硝烟里的愤恨，以及更多碎片化的历史烟尘都已经随风而去，这片海、这片洋、这个岛，已经进入新的时代，关于这个时代的评论，让我最为印象深刻的就是："惶恐滩头不惶恐，零丁洋里万事兴。"

谁说不是呢？

阳江海陵岛：
了解海上丝绸之路的一扇窗

让我们慕名来广东阳江海陵岛的理由很多，比如，这里有被称为"南方北戴河"和"东方夏威夷"的度假胜地，有著名的"南海一号"古沉船，在广东海上丝绸之路博物馆内有数万件宋代精品陶瓷，还有著名的戏曲家汤显祖当年留下的诗篇，等等。

作为广东省第四大岛的海陵岛，陆地面积有108.9平方公里，南部则坐落着"前湾后湖、六湾拱护、八峰环绕、南海明珠"的十里银滩，曾于1993年被美国的饶及人称为"世界之钻"，又在第二年被上海大世界吉尼斯总部评为中国最大的海滨浴场。

古书曾记载："海陵旧名螺洲，又名螺岛。最高者草王

海陵岛上渔港渔业的繁荣景象

山，山上有磐石，非人力可致，而粘蚝壳。"古时候的人们认为海陵岛的形貌像是一只横卧在地上的海螺壳，因此将它叫作螺洲。但如今阳江市的航拍上，并不能很容易地将两者联系到一起。海陆多年的地理变化缓慢地将这个四面环水的海螺壳变成更大的海中丘陵，在南朝宋元嘉年代时，已取海中丘陵之意将其唤为"海陵"。

　　海陵岛的最西端是最喧闹的地段，被称为中国十大渔港之一的闸坡渔港就在这里。

　　阳江位于广东省西南沿海地带，属于粤西地区面向珠三角的前沿之地，自古便是下南洋的船舶的重要补给港。前清时期，西南沿海成为船舶的避风之处，政府便在此处建制闸坡镇。商人跟随利润，渔港靠渔业而发展，酒肆茶楼也在此落地，以往无人知晓的渔村开始越发喧闹起来。

在阳江，闸坡镇既扮演着旅游景区的角色，又是这个中国十大渔港之一的繁荣夜生活的承载者。在这里，夜晚的灯火不会灭，刚刚捕捞上来的虾蟹在水盆里扑腾出水花，鳞次栉比的店铺里是琳琅满目的货物。如果说海陵岛的清晨是从海上的日出开始的，这里的夜晚真正的开始则是在凌晨两三点的灯火辉煌降落于大角湾闸坡镇的时候。

海陵岛闸坡镇大角湾内，灰白色的浪花托着一只海螺造型的石雕稳稳地屹立在海滩之上。海螺的尖角正对着闪着细碎光点的海面，似是仍在记录来自深海的私语和数百年间守护华夏防线的骄傲。

从明代起，阳江海陵岛就一直是边防军事重地。但是，对海陵岛来说，很多人都要去的一个地方与海防无关，而与被称为"宋末三杰"之一的张世杰有关。

开往张世杰墓地的路并不好走，就好像上天不愿俗人来打搅英魂的平静。张世杰是生在乱局里的英雄，硝烟焚毁了太多局势里的往事，只剩下他早年带兵抵抗元兵的部分记载。

张世杰的埋骨之地静得出奇。海浪声在距离不足百米的地方，却传不来一丝声响。背靠青山，面向海岸，灰白色的墓碑上只剩下"宋太傅"三字。

我们无法找到一个最高点去俯瞰整个海陵岛，只能凭想象去望那山顶上的风车与山的脊背。此次海陵岛之行，除了希望拜祭一下中国宋代终结时的杰出人物张世杰，还希望看一下体现着中国宋代丰富文化的广东海丝馆：太傅墓以青山老藤为伴，成为南宋哀歌上的一个音符，海丝博物馆却是海洋与陆地结合下，徐徐谱写出南宋年代里的一曲盛歌。

而实际上，两者正好一东一西分布于海陵岛的两端，不由得让我们心生感慨，想当年宋朝之兴衰，在海陵岛上也就是一个岛的距离。

广东海丝馆建在海陵岛十里银滩与保利大道之间的半山腰处，是从市区前往闸坡的必经之地。从外表很难看出广东海丝馆是一栋三层的建筑。博物馆的外壳是五个椭圆环呈波浪起伏状相连而成，其灵感取自船只的关联舱。

广东海丝馆因沉船而建，所以，很多人口中的"海丝博物馆"其实指的就是著名的"南海一号"沉船。"它是迄今为止世界上发现的海上沉船中年代最早、船体最大、保存最完整的远洋贸易商船"，不但从船上发现的遗存价值巨大，而且，当年打捞的时候，也是一个现象级事件，引发全世界的关注。

序厅通过一些技术手段还原南宋码头的热闹场景，上空高悬着粗大的白色缆绳，灰白的船帆幕布上印着"丝路传说"，与对面摆放的木箱、船只和扛包裹的工人塑像一同，重现码头运货盛况的雕塑，共同勾勒出"涨潮声中货通万国"的航海之景。

主厅走廊上泛着深水蓝的科技色，树立在走廊上的标牌将"南海一号"的发掘史分为了数个章节,遗留至今的沉没之谜的猜想也被映在了墙面。陆地与海洋的地理、时间差异,透过灯光与主色调,在地板上形成冰凉如旷野般的历史穿梭。

南海一号的发现是一个偶然。1987年,英国一家打捞公司联合中国方面,意图打捞沉没于阳江海域的莱茵堡号,不料抓手下去后抓起的却是金腰带与瓷器。从这一年起,中国考古界开始为打捞南海一号做准备,从人员到设施,一准备便是20年。

走过长廊,更深的冰蓝处,就是备受世界瞩目的"南海一号"沉船。直到今日,南海一号仍被大量海泥和化学药剂包裹着。被存入五个关联舱中最大的一个,是用"抱水挖掘方法"完整存放在博物馆内的挖掘现场。因其外墙如蓝琉璃般剔透,这处挖掘现场乃至整座博物馆又被称为"水晶宫"。外围的"水晶"幕墙将这艘沉默了800年之久的"海上敦煌"保护在一个安全的区域,在泥沙的掩埋下我们只能隐约瞧见它的小部分身躯。

中国有1.8万千米的海岸线,南海海域是世界上海底宝藏最多的海域之一,仅在中国东南沿海至南中国海领域,就有超过2000艘的沉船。

南海一号是国内发现的第一个沉船遗址,"它意味着一个开始"。而且,南海一号的价值不仅体现于装满了价值连城的金、漆、铜、瓷等器物,它为阳江在中国海上丝绸之路上的战略地位提供了一个佐证，而且，也为我们穿越性地了解中国海上丝绸之路打开了一扇窗。

按照现在的研究，位于珠江三角洲西部地区的阳江，在海上丝绸之路的形成与发展中，一直担任着重要的补给港与中转港的角色。中国古代海上丝绸之路一般被认为具备两条航线，一条东过日本，一条则以南海为主，穿越中南半岛与南海诸国抵达东非与欧洲。南宋时期，阳江是占据南海航线上的要道之地，数不尽的财富都曾与其相交，至今还能在阳江仍然遗留的许多古港口与古遗迹上看到贸易的痕迹。

在"南海一号"上，金腰带、璀璨的鎏金龙纹金手镯和其余金饰证明着其主人的富有，而被发现的铜钱中，最新的是南宋初年的建炎元宝，这让考古学家认为它沉没于南宋初年。

在艰难的 20 余年的保护与发掘后，据介绍，已挖掘出数十万件器物。博物馆展厅内的大半区域都被这些精美器皿所占据，琳琅满目的展品将展厅装点得如同古代宫廷里供人赏阅的藏宝阁，其中，瓷器的陈列地更像一条难以望到头的青白长街。

这是一条只能隔着玻璃去欣赏的长街。最先看到的是碗。在"南海一号"出土的瓷器中，碗是最日常也是最多的种类，深浅不一且来自不同名窑的瓷碗端正有致地摆放在展示台上。

瓷器的"大航海时代"经宋开启，其不化不腐，在考古界，甚至有"一船十墓"的说法。这些沉船上的瓷器在海底隐藏着流星般的光，只待一日重见天日，还原陆地的经年往事。"南海一号"的发掘，可以说吹开了覆盖在南方瓷器璀璨时代上的尘埃。

在所展出的瓷器中，尤以浙江龙泉青瓷与福建德化窑系为多，印证了当时南方瓷器远销国外的古窑史。广东则是以外销瓷为特色，远销东南亚，涌现了潮州笔架山窑等一批古窑口。但被称为"广窑"的，则是石湾窑。

经考证，石湾窑分为三处：佛山、阳江与博罗。这三个之中，"广东瓷器，宋代以阳春、阳江为最著"。其中，阳江城的北郊，靠近漠阳江下游河畔，丰富的瓷土资源在此堆积，是大量古窑口在此聚集的原因之一。

明代以后，资本主义登陆东南沿海，石湾窑的发展也进入高潮，乾隆年间的《南窑笔记》曾记载："明有宁青窑仿钧一种，颜色薄暗，五色杂沓。广窑亦有一种青白相间麻点纹者，皆瓶、钵之类。"郭沫若曾赞石湾窑"巧夺天工凭妙手，石湾该是美陶湾"。

除却货物外，船上的每一样东西都是宋朝海上贸易历史的见证。绳索上系着船工的手艺，试金石上刻着黄金为贸易金属的痕迹，猪羊的遗骨证明了船上能养活物，"南海一号"的船身更是福船研究史的资料库。

行走在广东海丝馆，我们算是真正充分体验了一次流连忘返的旅行，"南海一号"像是一个被冰冻在深海800年的"时光胶囊"，将那段被封存在史书、杂记里的文字活化，将历史抠开了一道缝，从中小心溢出的，都是南宋当年令人目眩神迷的华美，与岭南海上贸易动人心魄的旅途。这怎能不让人震撼和感叹呢？

徐闻大汉三墩遗址:
遇见历史上的海上丝绸之路始发港

应该说,我们的这次系列寻访,最直接的战略背景之一就是,在国家提出"一带一路"倡议后,对广东来讲,重新梳理其与"一带一路"有关的战略资源,重新发现和讲述沿海地区与"一带一路"有关的历史和遗存,将在客观上构成对广东一些城市和地区发展战略再思考的重要依托。

广东的"一带一路"倡议主要与海上丝绸之路相关,而要谈海上丝绸之路,徐闻则是最为重要的一个点。所以,在我们的寻访规划中,从一开始就有徐闻,更具体地说,位于徐闻的"大汉三墩"是我们必到之地。

位于广东省徐闻县南山镇二桥村委会的大汉三墩,是

大汉三墩牌坊
图片来源：图虫创意

汉代海上丝绸之路始发港遗址所在地。经专家考证，这条
汉代海上丝绸之路，由徐闻起航，沿北部湾海岸经越南、
泰国、暹罗湾登陆，再进入孟加拉湾、印度、斯里兰卡，
往来航程超万公里，比福建泉州的"古丝路"始发港还要
早千年。

　　据当地人介绍，大汉三墩中，头墩已有人在岛上耕
作，打蚝捕鱼；二墩有惟妙惟肖的乌龟石，以及奇特的天
然玄武岩画廊地质景观；三墩草木葱翠，景色最美，岛上
有一大片由一块块形似莲花的万年风化石组成的莲花石
滩，还有千万块长满青蒿的万年古石，原生态风光保持
完整。

　　目前，村里有计划引进外资，购买游艇摆渡，再修一
条环岛的栈道，全力开发三墩岛旅游。

　　从发展旅游的资源禀赋角度来看，这里的资源条件还
是不错的，尤其从历史人文角度来看。第一座岛为"头

墩"，上有一口被当地村民称为"万年泉"的常年不枯的古泉井，在靠海而少淡水，多依靠雨水来填充大小不一水库的徐闻县极为珍贵，因此又被称为"万年泉岛"。不仅如此，关于三墩还有不少民间传说，比如，相传它们是早年为躲避宫内征宫女而跳入海中的三位中原女子所化，也相传是观音菩萨乘船灭杀海龟精所化。这些都为这一地区带来了神秘的色彩，也是当地在地文化的组成部分。对于包括我们在内的寻访者而言，听听这些故事，有时比看看风景还要享受。更何况，徐闻的故事不仅仅来源于这些明显带有民间传说性质的流传，就是在正史记载中，也是神奇和丰富的。

那是很久之前的故事，好在候神岭的石碑上刻着它的开始。秦皇汉武妄图长生不老，派人从四海寻找神山与神药，使臣便来到南海岸。据考据，当时的三墩还处于一片汪洋之中，离岸至少还有一公里。宽袍的汉臣踩在红土地上远眺，山高石多，海岛如雾，天赐之地，得如蓬莱。

堤坝尾部南处的四仙女托铜盆的承露台代表了汉武帝建立徐闻港的第一个目的：寻求长生。意气风发的天子下令在这里建港，以承接的无根之水入丹，企盼长生。清人说：借问登瀛诸学士，何人到此得长生。

不过，从此后的历史发展来看，让徐闻以及三墩在中国历史乃至世界历史上留下浓墨重彩的，显然不是对长生不老的追求。

《汉书》有曰："自合浦徐闻南入海，得大洲，东西南北方千里"。今天，当地的一个石碑上刻着当年的路线：从徐闻沿着北部湾入海，马来半岛—缅甸—印度—日南—大秦—波斯。

以长生为名，以贸易为始。东汉人班固撰写的《汉书·地理志》曾言："自日南障塞、徐闻、合浦船行可五月，有都元国。"这被认为是记载海上丝绸之路最早的史籍文献，也是确立徐闻港为海上丝绸之路始发港的最重要的史料来源之一。

徐闻被选为海上丝绸之路的始发港有很大的必然性，而并非只是因为汉武帝当真信了这里的蓬莱传言。徐闻县旅游局黄局长拿了徐闻地图给我们看，笑称徐闻像是位于广东最南端的一条隔着琼州海峡与海南岛遥遥相望的鱼。正是因为徐闻在中国海岸线中的独特自然地理优势，成就了徐闻独特的战略地位，多种原因决定了其成为航海技术简陋时期过琼州海峡下南洋的始发港。

首先，西汉时期，船只受限于西北季风和昼观日夜观星的航行准则，只得沿海岸出行以备躲避风暴，加之越南的部分地区还在汉朝管辖内，从徐闻出海能最大限度保护船只安全；其次，三面沿海的徐闻县，是整个广东省受台风影响最大的地方，亦是季风靠岸的第一站，风从遥远之地刮开防风林，为入海的船带来航速的提升，能减少船只的消耗；再者，粤西沿海海流复杂多变，船只却尚未使用风帆，徐闻港二桥一带为潮汐变化的缓冲地带，前有三墩避风，北有港湾台地。

哪怕是从今天来看，始于徐闻而通达欧洲的这条海上丝绸之路也让人觉得是一条不可思议的路线。出使西域的张骞，以黄沙大漠为路抵达罗马，点燃塞外的文明与邦交。而在被视为"南蛮之地"的岭南，徐闻港的木船与海水并肩，将满船的货物经印度同样转运到了罗马。一西一南，一陆一水，相同的文明与迥异的文化从中国大陆的边境传入，一个在夜光杯里斟满葡萄美酒，一个将红玛瑙挂在珊瑚海岸。

甘肃丝绸之路运送轻而贵重的物品，茶叶惧水而走陆路，而大宗易碎的瓷器则从徐闻港入水西行。如此配合，不但将强盛的大汉君威播传海外，也将大量的异域财富和文化引入这个繁盛的东方大国，而且，这条路线从徐闻港开始一路延伸到汉朝腹地长安，客观上也推动了岭南地区的文明开化，所以，说徐闻为岭南地区带来了中外双重的文明教化也不为过。

不过，历史的兴衰总是一再地上演，兴衰之地也总是伴随着历史性的兴衰周期而崛起，或落幕。航海技术的提高使得各地的货物不再需要长途跋涉到徐闻，港口中心开始逐步东移。徐闻港拿到了海上丝绸之路的第一枚徽章，却随着泥沙的堆积与西汉的灭亡渐渐冷寂。不过，冷寂归冷寂，徐闻港在后来的历史中并非完全被遗忘。

物换星移，港口的中心不断转向古时的番禺也就是现在的广州，但在汪洋中成为孤岛的船在驶向漫无边际的远洋时，依然需要在沿岸进行补给，徐闻也就成了离开中国的最后一个补给站，地位依然特殊。

直到我们来到这里寻访，始发港的遗址还并没有被明确划分，地面上散落着破碎的砖瓦。这些砖瓦全部都是2000多年前的遗留物。汉代的石器、墓葬，珍贵的玛瑙和铜鼓在发掘中重现天日，还包括只有汉朝重臣才能使用的"万岁瓦当"。

根据记载，汉朝的官员在这里就近建造了自己的府邸，不但打理着徐闻的港口事务，还背靠强大的中原王朝，面向更广阔的那个世界。

破碎后露出或尖锐或圆润棱角的瓦砾安静地散落一地，我们就像穿越到了一片历史的大地和天空，耳边尽是属于那个时代繁华和通达的声音。

这些声音都远去了，就像那些曾经繁忙的货轮和勇敢的航海家，但是，这些声音依然震撼，这个大汉三墩也仍千年如一日地望着徐闻的港口，见证过中华历史的辉煌，也守望过一段属于海洋、时代、历史的开放精神，历经千年，却从未完全隐去。

参考文献

[1]《广东省南粤古驿道线路保护与利用总体规划》。

[2]郭昊羽:《广州古驿道的时空演变与文化遗产》,《南方建筑》2017年6月。

[3]陆琦、蔡宜君:《南粤古驿道与传统村落人文特色》,《中国名城》2018年4月。

[4]朱雪梅:《自然与人文交织 石塘和丹霞互映——基于文化线路的南粤古驿道与古村联动发展研究》,《南方建筑》2017年6月。

[5]王长在、柴娇:《南粤古驿道定向大赛与乡村文化旅游的融合发展》,《体育学刊》2018年第4期。

[6]〔澳〕希拉里·迪克罗、〔加〕鲍勃·麦克彻著《文化旅游》,朱路平译,商务印书馆,2017年4月。

岭南大地上的另一抹乡愁

　　台湾建筑评论家汉宝德先生在其《建筑母语：传统、地域与乡愁》一书中，曾有论述说："在上世纪80年代我曾在德国的'罗曼蒂克大道'走了一趟，他们这些山城所保存的中古市街，可能与德国的浪漫情思有关。可是对我这样的陌生文化的客人，为什么同样具有吸引力呢？"

　　在汉宝德先生看来，"这种地方风情的国际性，促成了观光事业的发达，而且使得古建筑的保存与布景情怀非常接近，说明了土生文化的感应力量，不是用乡愁等字眼可以完全解释的"。他甚至断言，"对于地方风貌的珍惜是专业者的审美素养与对文化的尊重所形成的"，"这一切都出之于对人类历史的感情，或自然历史的真实"，"这是一种非常高水准的乡愁，却绝对不是通俗的，大众化的"。

在我们看来，这是非常有意义的讨论，按照这个逻辑深究下去，针对非遗以及在本书中被我们暂且形容为"边缘的地区和边缘的自然、人文和历史符号"而言——这些具有非常明显的土生性或者地域性的文化形态，至少有两个判断值得重视：一是完全可以进行国际化表达，所谓地域的就是国际的；二是，这些"安静的风景和沉默的文明"并非想象中的只能被本地人所理解和欣赏，而是完全可以被陌生的游客所欣赏，并念念不忘。这样一来，无论是对于广东文旅更丰富和多元化的转型发展而言，还是对广东更具国际化的表达而言，对这些风景和文明的呈现都具有非常重要的价值：既代表了对广东文旅价值的重新发现，也代表了对岭南大地的重新发现。

不过，这种发现和讲述往往并不是那么容易做到。

我们对走访者和写作者的一个基本要求是，面对一段历史遗存，在一般游客眼中也许就是一段残垣断壁，但我们要从内心深处去体会这些遗存背后所包含的厚重的历史和丰富的文化；面对一个朴实的非遗传人，一般人看到的可能是其生活的窘迫和人生的多艰，但我们需要去读取他们内心深处对自然、生命和工艺的敬畏；听到一首颇为喧闹的民间戏曲，一般人可能认为那都是些不合时宜的陈词滥调，但我们要能够从中感受到丰富的人间烟火和社会传承。

是的，这些都需要先验性的热爱来支撑，并充满走进生命、人间、生活的冲动，还要有对历史和人文的敬畏，只有这样，我们才能真的去发现非遗背后的美，真正地去发现和讲述这些大地上沉寂多年的"最安静的风景、最沉默的文明"。

这也是本次我们对岭南大地寻访时的基本态度和要求。

很显然，这并不容易做到，不仅需要我们有足够专业的历史知识，还要有很好的人文修养和审美意识。而且，之前的经验是，纵然在专业知识上有所储备，也并非所有人都能够在历史现场和自然环境中实现与历史、土地、自然的对话。纵然是这样，也不能奢望这些满怀热情的发现和讲述能够被每个人理解和喜欢。

当然，一切都在变得越来越好，越来越多的人开始从单纯的工业审美中解脱出来，也更愿意体验这些历史人文之美和天工造物的自然之美。新的消费时代，越来越多的人，尤其是年轻人，开始对这种充满地域性的角落化的存在，投注更多的关照和兴趣。越来越多的机构、设计师和工匠，基于对现代生活方式的精准洞察，创造出丰富的产品和服务，这又进一步推动了这些安静的存在频繁地以越来越多的方式走进人的生活。

互联网和大交通的赋能不仅让这种审美超越时空的限制，也让这些"风景和文明"超越时空的限制。

在我们看来，这不仅体现着对现代人审美的解放，也体现着对传统边缘地区和城市地区的在地文化的解放，终将带来一大批传统边缘地区、城市角落和底层社会的绽放，并将重塑岭南地区的世界表达。或许，我们在这本书中所呈现的内容还不够丰富，还未能完全达到我们所希望的程度，但我们还是希望能够在一定程度上实现一些新的突破，让岭南大地上的另一种乡愁，为更多人所知所感所体验。

"我们行走世界，只为找一条回家的路"。当我们的旅行越来越重视对大地之厚重和丰富的探寻，越来越重视对远方之诗意和极致的感知，越来越重视对历史之复杂和无常的追问，越来越重视对人文之脉络和传承的发现，越来越重视对社会之秩序和变迁的洞悉，我们对目的地的界定也就再也没有清晰的边界，我们对寻访路线的选择再也没有明显的依赖。说走就走，为抵达而抵达，为发现而发现，在不确定性中和被人间遗失的繁华之地，完成自我放逐，或者自我回归。

如果你对这样的旅行心有所动，沿着本书所提供的"地图"，开始你的心悦之旅吧！

最后，非常感谢广东文化和旅游厅的领导和同仁，一如既往地给予我们最自由的创作空间，让我们完全按照自己对广东的理解，对中国文旅的理解，进行最大尺度的表达；也非常感谢在走访过程中给予我们支持和方便的广东文旅系统的同仁们，有的甚至以最原始的交通工具将我们带到了那些人间的尽头和陆地的边角；还要感谢那些我们在寻访过程中偶遇的人、事、生活场景、日出日落和鸟叫虫鸣，这些人这些事让我们自己有时候都感慨，笔下竟然能够流淌出那么优美的文字。

还要感谢社科文献出版社的编辑，包括本书在内，在"文旅中国丛书"的出版中，不但表现出一贯的专业能力，还对我们时紧时慢的无规律的节奏给予了最大的包容。

当然，还要感谢我们方塘的同事们，尤其是冯嘉、张月、程小红、孙月园、徐威威等，他们直接参与了本书内容的策划，并实际参与了走访、写作和编辑。当然，这本书里还体现了方塘团队中每一个人的努力：守正出奇，宁静致远，念念不忘，必有回响。

图书在版编目（CIP）数据

乡愁里的广东. 2, 岭南大地上最安静的风景最沉默
的文明 / 方塘智库文旅中国研究中心著 . -- 北京 : 社
会科学文献出版社, 2020.3
（文旅中国丛书）
ISBN 978-7-5201-6242-5

Ⅰ. ①乡…　Ⅱ. ①方…　Ⅲ. ①乡村-介绍-广东
Ⅳ. ① K926.5

中国版本图书馆CIP数据核字（2020）第029106号

· 文旅中国丛书 ·

乡愁里的广东2
岭南大地上最安静的风景最沉默的文明

著　　者 / 方塘智库文旅中国研究中心

出 版 人 / 谢寿光
组稿编辑 / 恽　薇　孔庆梅
责任编辑 / 孔庆梅

出　　版 / 社会科学文献出版社·经济与管理分社（010）59367226
　　　　　　地址：北京市北三环中路甲29号院华龙大厦　邮编：100029
　　　　　　网址：www.ssap.com.cn
发　　行 / 市场营销中心（010）59367081　59367083
印　　装 / 三河市尚艺印装有限公司

规　　格 / 开　本：880mm×1230mm 1/32
　　　　　　印　张：11.25　字　数：207千字
版　　次 / 2020年3月第1版　2020年3月第1次印刷
书　　号 / ISBN 978-7-5201-6242-5
定　　价 / 69.00元

本书如有印装质量问题，请与读者服务中心（010-59367028）联系

▲▲ 版权所有　翻印必究